保安职业技术培训系列教材

保安防卫技能

（修订本）

尹 伟 主编

中国商业出版社

图书在版编目（CIP）数据

保安防卫技能／尹伟主编．—2 版（修订本）．北京：中国商业出版社，2007.5（2021.2 重印）

（保安职业技术培训系列教材）

ISBN 978-7-5044-3948-2

Ⅰ．保　Ⅱ．尹　Ⅲ．保安—技能—技术培训—教材　Ⅳ．D035.33

中国版本图书馆 CIP 数据核字（2007）第 072687 号

责任编辑：刘洪涛

中国商业出版社出版发行

010-63180647　wwwc-cbookcom

（100053　北京广安门内报国寺 1 号）

新 华 书 店 经 销

三河市天润建兴印务有限公司印刷

＊　＊　＊

710 毫米×1000 毫米　16 开　21.75 印张　350 千字

2007 年 6 月第 2 版　2021 年 2 月第 2 次印刷

定价：42.00 元

＊　＊　＊　＊

（如有印装质量问题可更换）

修 订 说 明

当 2000 年保安职业技术培训系列教材集成出版的时候,我和我的同事们就希望对这套系列丛书进行修订,以弥补我们对保安理论与实践不能同步的遗憾,或许每一次修订都会留下遗憾。

2000 年的这套书,顺应了那样的一个年代,顺应了那一阶段保安业发展的现状,可以说填补了当时保安职业技术培训系列教材的空白。从今天的保安业发展来看,我们强烈地意识到我国保安业的发展势头。2006 年 9 月 20 日,公安部副部长刘金国在"2006 北京国际保安研讨会"上提出"除部分涉及枪支管理和重点要害的安全守卫以外,允许国有、控股、民营等资本开办保安服务公司。""中国保安业正处于快速发展的时期,中国愿意在平等互利,互惠双赢的基础上,依法有步骤地对外开放保安服务市场。2006 年 12 月 11 日,随着中国加入 WTO 五年过渡期的结束,保安业作为一个潜力巨大的朝阳产业,即将迎来社会化、市场化的发展方向,中国保安业发展的战略方针为:"立足中国,面向世界,提高素质,争创一流,严格管理,注重效益"。据公安部三局 2006 年 9 月的统计数据,我国目前有从事安保、人保的服务企业 2300 多家,从业人数 110 多万人,从事技术防范的保安服务企业 1 万多家,从业人员 20 多万。保安产业年产值达到 400 亿人民币。我国保安业无论从人力上、技术上、资金上及综合实力上,已经具备了快速发展的基础。

回头审视 2000 年版的保安职业技术培训系列教材,其中的不足显而易见,特别是对保安业发展的新理论、新思维和新政策,是个空缺。因此,在这样的背景下,为适应我国保安业快速发展的需求,为完成保安职业技术培训的知识更新,我们对系列教材作了调整。保留了原

12本教材中的八本，即：《保安学原理》、《保安勤务》、《国外保安业》、《保安防卫技能》、《保安防范技术》、《保安业法律教程》、《治安管理基础教程》、《保安业经营管理》。从内容上看，对保安业发展中必须面对的新的理论加以补充。如补充了保安业监管、保安押运行业的发展趋势、保安业市场化、保安业并购等方面的内容。根据2000年以后我国法律制度的变化，对涉及保安业的法律、法规体系及内容作了最新的调整。同时也根据保安科技的发展，增补了保安防范技术的新内容，使这套丛书更加科学、完整和规范，更加适应现阶段保安职业培训的需求和能力的要求。

为反映此套丛书的历史原貌和演变过程，本套修订版丛书保留了原书的编写说明和序。其目的就是让作者在比较这新、旧两套丛书中，从中可以获取保安业理论和实践的发展变化，从比较中获取有益的思考。

编 写 说 明

为适应我国日益增长的安全防范工作的需求，适应中国保安服务业的发展，推进和建立具有中国特色的保安教育培训体系，为保安服务业培养跨世纪的应用型高级职业技术人才。公安大学及公安院校的骨干教师组织编写了《保安职业技术培训教材》（系列）共12本，是我国保安教育培训的第一部系列、系统的教材。本书是《保安职业技术培训教材》系列教材之一，它既可以作为成人普通保安大专的专业课教材和专业基础课教材，也可以作为成人高校不同层次的函授、自学考试及在职培训用的教材。

本书由尹伟任主编，安家臣、纪毓琴任副主编。各章撰稿人及编写分工是：第一章尹伟、纪毓琴；第二章尹伟；第三章安家臣；第四章林通、安家臣；第五章安家臣；第六章尹伟；第七章何剑；第八章尹伟；第九章康恩君、尹伟；第十章纪毓琴；第十一章尹伟、安家臣；第十二章纪毓琴。

本书在编写和发行过程中，曾得到有关公安及其他院校、部门及编审者的大力支持。在此一并表示感谢。

为提高本教材的质量，热诚希望各位读者提出宝贵意见，以便进一步修订和完善。

《保安职业技术培训教材》编委会
2000年5月

序

由中国人民公安大学、各地公安院校和实践部门的同志共同参与编写的《保安职业技术培训教材》系列丛书，即将由中国商业出版社出版发行。这是我国保安服务业发展中的一件大事。

我国保安服务业自20世纪80年代中期创立以来，至今已有十余年的历史。据统计，全国有公安机关批准的保安服务公司1500余家，从业人员25万余人，保安服务业正在迅猛地发展。实践证明，保安服务业作为一个特殊的行业，不仅在一定程度上满足了社会各界不同层次的安全需求，有效地保证了客户的财产和人身的安全，增强了客户单位的安全防范能力，缓解了我国警力不足的矛盾；而且在强化社会治安管理，维护社会秩序，优化社会安全环境等方面，发挥了重要作用，成为协助公安机关维护社会治安的一支重要力量。由于我国的保安服务业尚处于初级发展阶段，保安服务业无论是在理论上，还是实践上与国外的保安业都存在较大的差距，因此加强保安人员培训，发展保安教育事业势在必行。目前我国的保安服务业教育培训明显滞后，尽管国内出版了许多保安服务业专著，但缺乏一套完善、规范、系统、科学、具有针对性的教材。

为了适应我国保安服务业的发展，满足保安服务任务和保安队伍建设的需要，构建具有中国特色的、与国际保安业接轨的保安教育体系，促进保安职业教育逐步走向正规化、制度化和现代化，我国各地的保安理论研究者和公安院校的专业教师，历时两年的时间，借鉴古今中外的保安理论的优秀成果，终于完成了这项具有开拓性的工作，可喜可贺。

该系列丛书以建设有中国特色的社会主义市场经济理论为依据，以国家法律法规和公安部的文件为基本出发点，从保安服务业发展的趋势和保安服务员的实际工作出发，总结历史和现实的经验，在吸收和借鉴国内外研究成果和资料的基础上编写完成。

本套教材，突出了职业教育的特点，力求理论性、系统性和科学性的统一，在内容上，强调实用性、普及性和专业性结合。在如何构建保安专业的学科体系结构上作了开创性的探索、在学科内容上也有所拓展，如《保安心理学》等。当然，这套教材也存在着不足。尽管如此，作为我国第一套保安职业技术培训的系列教材，它的出版将会起到抛砖引玉的作用，存在的不足和问题希望广大理论和实践部门的同志批评指正，以便进一步修改和完善。

中国保安协会副会长
2000 年 5 月

目 录

第一章 基础知识 ··· 1
 第一节 学练知识 ··· 1
 第二节 实战知识 ··· 5
 第三节 执行勤务时的防卫 ··· 17

第二章 防卫姿势和身体移动 ··· 22
 第一节 防卫姿势 ·· 22
 第二节 身体移动 ·· 25

第三章 基本防守技术 ··· 27
 第一节 手防守 ··· 27
 第二节 手臂防守 ·· 31
 第三节 腿、脚防守 ·· 37
 第四节 闪躲防守 ·· 38

第四章 基本反击技术 ··· 41
 第一节 拳反击 ··· 41
 第二节 掌反击 ··· 45
 第三节 肘反击 ··· 50
 第四节 脚反击 ··· 52
 第五节 膝反击 ··· 56
 第六节 摔反击 ··· 57

第五章 关节擒拿技术 … 62
- 第一节 对上肢关节擒拿 … 62
- 第二节 对头颈关节擒拿 … 68
- 第三节 对腰关节擒拿 … 70
- 第四节 对下肢关节擒拿 … 71

第六章 困境解救技术 … 74
- 第一节 抓抱解脱 … 74
- 第二节 制服凶器 … 86
- 第三节 对付众敌 … 99

第七章 制暴擒拿技术 … 109
- 第一节 制暴解围 … 109
- 第二节 快速擒制 … 115

第八章 短棍技术 … 124
- 第一节 持棍姿势 … 124
- 第二节 基本防守技术 … 127
- 第三节 攻击技术 … 131
- 第四节 反击技术 … 144

第九章 利用地形地物进行防卫 … 166
- 第一节 利用墙角格斗 … 166
- 第二节 利用楼梯格斗 … 167
- 第三节 公共汽车上格斗 … 169
- 第四节 利用随身物品格斗 … 170
- 第五节 利用其他物品格斗 … 173

第十章 捆绑技术 … 176
- 第一节 绳结的基本方法 … 176
- 第二节 基本捆绑方法 … 178

第十一章 基础训练 … 181
- 第一节 受身抗击 … 181
- 第二节 格斗拳 … 190

第三节	攻防对练…………………………………………	215
第四节	格斗操……………………………………………	239
第五节	短棍操……………………………………………	279
第十二章	**防暴器械常识及其使用**…………………………	295
第一节	防暴枪……………………………………………	295
第二节	电击器……………………………………………	299
第三节	枪弹知识…………………………………………	305
第四节	对杀伤性武器的防卫……………………………	311
后记…………………………………………………………		333

第一章　基础知识

第一节　学练知识

一、学练方法

防卫技能的学练通常有接受教师的指导和自学两种方式。跟教师学练时，一定要按照教师的安排进行练习，循序渐进，刻苦练习。但在现实中，更多的是没有教师的指导，即使有教师的指导，在指导之余，也需要自我学练。那么如何自我学练呢？通常有两种方法。

（一）看图自学

看图自学自练防卫技能，首先要求练习者必须掌握看图方法和图解知识。书中的图解是利用图来表示动作形状，用文字解释说明图中动作的过程和要点等。因而看图时一定要先看清动作的基本形状。基本技术的图解一般是单人的技术，组合练习技术一般是两人配合练习。看图时要注意基本技术的正确方法和要领，看组合图解时要看清动作的连续和变化，先根据图解做出动作，其次再详细阅读每幅图的文字说明，将动作的关键环节弄清楚，特别是基本技术的要点和组合技术的连接和变化，将文字解释和图表配合起来，将所学动作完整地练习出来。

自学自练防卫技能要按一定的顺序进行，首先要边看图解边模仿动作；其次要详细阅读文字说明；第三要将组合动作的分解图示连接起来，形成完整组合动作；最后根据文字说明进一步熟练所学动作，并借助辅助练习器械进行练习，以进一步巩固所学动作。

（二）配合学练

配合学练是指两人或几个人相互配合，一起学习和练习技术动作。两人或多人配合练习时，要根据书上的图示和文字解释说明，共同商量，边看、边学、边练，相互监督、指导。在技术动作方法和用意上，互相检查，细心体会，看所学技术是否具有正确的攻防涵义和有效的攻防效果。然后反复练习所学的技术，最后达到熟练掌握的地步。

二、学练程序

学练技术，首先应注重基本功的练习，提高身体的柔韧性、协调性、灵敏性、速度及力量等素质。在基本技术的学练和使用中腰部的拧转发力是相当的关键，因而腰部的协调灵敏和速度力量素质也应予以足够的重视。要掌握正确的技术动作，除了要注意全面训练外，还应注意练习的循序渐进，由浅入深，并持之以恒。总之，在学练中一定要把握正确的学练程序。

（一）理解

学练者先了解技术的涵义，并确实理解它，明白动作的正确发力及实战运用。

（二）协调

学练者首先在没有对手对抗的情况下，体会动作的内涵，想想怎样做才正确，再一遍又一遍地反复练习，练习方法可以采用对照镜子练习法以及和同伴一起练习法。然后由正确到熟练，进而将动作练到得心应手、轻松自如的地步。

（三）准确

学练者将动作练到得心应手的地步后，就有待于进一步提高动作的准确性，以及最大限度地发挥肌肉收缩、舒张的协调能力，以便控制动作的准确性。

（四）实战对抗中的协调

在平缓而不激烈对抗的条件下实战中，学练者应将所学的技术动作充分尝试性地加以运用，使之舒展协调地完成，在有条件的实战中不考虑或少考虑动作的速度、力量等因素。

（五）速度和力量

在有条件的实战中，能熟练而协调地运用技术后，学练者就可将重点放在速度、力量、攻击点的控制上，直到学者能适应激烈的实战对抗。

三、学练要求

（一）基础练习

防卫技能的学练需有良好的身体素质和心理素质，具备一定的身体素质后，再学练防卫的基本技术；在掌握基本技术的同时还需要发展技术动作的速度、力量和攻防的实效性，并且注重顽强拼搏和沉着冷静的心理品质培养。身体的基础训练和技术学练是不可分割的两部分，技术的学练需要基本的身体素质作保证，良好的技术又促进专业素质的发展，素质的发展又为进一步学练技术打下结实的基础。要想掌握多高的技术，必须要有多深的素质基础。

（二）技术学练

在攻防技术的学练中，学练者应加深对每一技术动作的理解，由简单的技术学习入手，逐步进入到较为复杂和组合技术的练习。在攻防练习中认真体会和揣摸各种技术动作的规律，掌握攻防转换的技巧，研究每一种技术的特点，为进行实战练习做好准备。

（三）实战练习

实战练习同样需要坚持循序渐进的原则，实战练习的开始可根据学练者掌握技术情况进行有条件的实战练习，可专门练习某些具体的攻防技术。例如，针对学练者防守能力差的问题，可让学练者专门以防守为主进行实战练习。这样的实战练习对解决具体问题非常有效。经过这种条件实战后，既可解决具体问题，又使学练者体会和积累实战经验，克服紧张和恐惧心理，为进行下一步的无条件实战做好了身体、心理和技术上的准备。无条件实战的练习，可先同熟悉的对手进行对抗练习，然后逐渐更换对手，加大难度。

实战练习中有一条重要的要求是，学练者必须形成自己的风格和特点，要善于发现自己的特点和优势，利用自己的特点和优势，形成自己的绝招。

四、学练要点

（一）培养防卫的意识

防卫技能的掌握和实际的有效运用，重要的是对侵害要有防卫的心理准备。随时具有被侵害的危机意识，平时保持一定的警惕性是防卫技能学练的重要目的之一。防卫意识，是一种自觉的防护心理活动。它表现为做事的警惕性、预见性；处理的沉着性、独立性；观察的准确性、细致性。这种意识是心理和有关防护知识结构的趋向，是思维的定势。在日常工作和生活中，能否预料到可能会发生的事情，有无应付突发情况的自我保护思想准备，遇上险情能否冷静而机智地应付，这就要看防卫意识的有无和强弱了。因而在学练中，应有意识地培养这种意识，且不断地强化它。在技能学练的同时，多掌握相关的犯罪心理学知识，培养沉着冷静、见机行事的心理素质，全面发展身体素质，努力提高自己的自信心。在具体的技术动作训练中，可有意识地想像一些险情，增强"敌情"观念，最好能在实战意识的支配下完成各种技术动作的练习。

（二）全面地发展身体素质

身体是技能的载体，哪怕只是简单的技术动作，身体素质好的人，就会比别人掌握得快，运用得好。学练防卫技能必须注意身体的全面锻炼，坚持体育活动，努力发展自身的反应能力、协调能力、动作完成的速度力量及身体运动的持久力，综合提高自身的素质。再好的"绝招"，如果没有心理素质作保证，没有身体素质作基础，它也是"绝不了"的。有了强健的体魄，即使一时无法抵抗侵害，也可以力争快速逃离摆脱。

（三）形成正确的思维方式

防卫技能的学练，除了外在技术动作的掌握外，还应注重培养练习者自身的正确思维方式，形成其防卫战术意识。正确的思维方式应是：遇事的量敌、见机施技。身处险情，没有过多的时间会让你思考，许多动作是在下意识或半下意识的情况下完成的。瞬时的犹豫、一念之差，往往造成整个局势的不利和被动。因此在平时的学练中，首先要明白技术动作的攻防涵义，动作要点；其次明白技术运用的条件和变化使用方法；然后将技术和战术有机地结合在一起，进行强化练习。力争把对情况的反应、判断和思考的时间缩到最短。

（四）养成良好的动作习惯

出于本能，人在受到突然刺激时，会有一些普遍的本能反应和习惯动作。但有些本能反应和习惯动作从防卫的角度来说是不合理的。例如，遭遇打击时，本能地会后仰抬下颏、闭眼、捂眼，这样既不利于很好地防护自己，也不利于及时抓住时机反击对方。在打击上，不少人喜欢先退两步或手回拉憋劲，再猛力挥出，这样动作慢且不说，而且容易失去重心，不利于回收再击。防卫技能的使用，在遇击打时，讲究闪身进、沉身进，即使退也是边退边作好反击的准备。脸部遇到攻击时，不能闭眼，而要设法躲闪格挡；在攻击时，讲究稳定重心，转腰发力，攻防相兼，没有预兆，上下连击。因此，在学练中注意动作的正确要领，由慢、分解练习，逐渐快而完整练习。单个动作及连贯动作反复强化练习，形成动力定型，习惯出招。

第二节 实战知识

一、法律条件

运用防卫技能进行自我保护，其根本的宗旨是为了依法保护他人和自身的正当权益，有效地履行自己的保安职责。当然，防卫技能的实施，是以防卫行为的合法性为前提的。任何人不能以自我防卫为托词，来违法侵害他人的合法权益。当你使用防卫技能时，必须把握正当防卫及紧急避险的法定条件。

（一）正当防卫

第一，必须有不法侵害行为。

所谓的不法侵害是指侵害人的行为和危害社会的违法犯罪行为，如对公共利益、本人或他人的人身和其他权利的不法侵害。对于合法的行为你不能实行"防卫"，不法的保护自己行为也不能称为"防卫"。例如，如果你参加斗殴、打群架，你和他人的行为均属不法行为，不能认为是正当防卫的行为。有的人故意挑拨、寻衅，以激怒你，引诱你进行攻击，而后他进行反击，他的这种行为也不是正当防卫的行为，如果由此而构成犯罪，应追究其刑事责任。因此，当你受到侵害而实施防卫时，必须是针对不法的侵害行为。对于可以防卫的不法侵害行为，必须是实际存在的，而不是假想和推测的。一个人由于认识上的错误，误以为某人要侵害他而实施的"防卫"，不是正当防卫，而是一种"假想防卫"。

第二，必须是正在进行的侵害行为。

不法侵害行为必须是正在进行的，而不是已经结束或尚未发生的。如果不法侵害只是处于预备阶段，决不允许实行"先下手为强"的预先防卫。如果不法侵害已经结束，也不能实施个人报复行为。

第三，防卫必须是对不法侵害者本人实行。

对不法侵害行为的防卫对象，必须是不法侵害的本人，而不是侵害的第三者或家属。

第四，防卫行为不能超过必要限度而造成不应有的损害。

防卫行为的实施，还应把握一定的限度。防卫的限度是较难把握的，因为你是处于紧急的非常时刻，不可能有过多的思考条件。我们并不主张主动使用暴力手段来对付侵害。不到万不得得已，不要使用防卫技能。但防卫技能的使用往往是你已处于别无选择的情景。如果此时不出手或下手不"狠"，就会危及你或他人的生命，那就无须去考虑后果问题。只要能保护生命，能让对方失去或丧失战斗能力，就可以不择手段地进行防卫反击。

(二) 紧急避险

紧急避险，是指为了使公共利益、本人或他人的合法权利免受正在发生的危险，在紧急情况下，不得已采取侵犯法律保护的公共的或他人的利益的有限度的行为。当然，紧急避险同样应把握法定的条件。

第一，必须是合法的权益受到正在发生的危险的威胁。

即合法利益可能立即或正在遭受危险，这种危险可能是他人面临，也可能是本人面临。

第二，必须是没有其他方法可以避免危险的。

即在当时情况下，除了损害另一合法权益外，没有其他办法来保护这一合法权益。例如，当某保安人员在街上巡逻时，突然有一辆汽车正向他驶来，眼看就要撞上，他向旁边一闪，正好把路边的门撞坏了，结果他躲过了危险，门却损坏了。如果保安人员当时不把门撞坏，就躲不开汽车，这时他的行为就是紧急避险。如果他不把门撞坏也能躲过汽车，他的行为就不是紧急避险。

第三，紧急避险行为还不能超过必要的限度而造成不应有的损害。

即保安人员所造成的损害程度必须比所避免的损害程度要轻。例如，某保安人员为了追击一名歹徒，因夜里视线不明，在跑动中撞伤了他人，这是紧急避险允许的。如果他发现歹徒躲在一间陈列室里，自己又无法进去，本可以采取求援的方法抓获歹徒，但一时心急，结果严重地破坏了门闯了进去，在屋内又损坏了大量的珍贵物品，歹徒虽然被抓但经济损失极大。此保安人员的行为超出了紧急避险行为的规定限度，是应避免的。

正当的防卫行为人不负法律责任，紧急避险的行为人一般也不负法律责任。但在某些特殊情况下，避险人获得了很大利益，受害人却因紧急避险蒙受了重大损失，避险人应承担适当的责任，使受害人得到一定的补偿，但避险人毕竟还是因紧急避险获得了更大的利益。

二、环境条件

在执行保安任务及日常生活中，防卫技能在各种不同境况下，有着广泛的应用。

（一）街巷实战

防卫技能在巷、道的运用：在巷道中要充分利用墙角、电线杆、垃圾筒、停放的车辆及利用地形、地物支撑来遮蔽身体避免敌人的打击，以便寻找合适机会以适当的技能方法制服犯罪分子或犯罪嫌疑人。

（二）繁华地段实战

防卫技能在市区的运用：当在比较繁华的区域内执行保安任务，遇到犯罪分子或犯罪嫌疑人时，首先展开政治攻势，发挥攻心战术的威力，令其停止犯罪自首伏法或控制事态的进一步发展；然后及时通知警方或动员群众协力抓捕，以顺利达到制服罪犯的目的。如若犯罪分子极为顽固，则应迅速逼近犯罪分子或犯罪嫌疑人，以迅雷不及掩耳的招势快速制服对方。

（三）水中实战

防卫技能在水中的运用：在水中时，采用蛙泳动作隐蔽好。距敌近时采用踩水姿势，做好进攻的准备。由于水中浮力较大，身体重心不易稳固，出击的力量会减弱。因此在接近对方的一瞬间尽可能攻击对方的要害、穴位，加强打击的力量，增强打击的效果。如果在水中和对方遭遇，要先行潜泳近敌，采用戳、刺、抓、剥、捋、踩、撞、碰等方法控制擒拿对方的关节，将其头部按入水中，使之呛水、溺水，或重力打击对方的致命部位。

（四）车上实战

防卫技能在汽车、火车客厢上的运用：由于汽车上、火车客厢中人员拥挤，间隙较小，技能的操作受到场地限制，不宜使用动作幅度较大的动作技能。待接近到犯罪分子或犯罪嫌疑人时，要隐蔽靠近对方身后，采用迅速、准确的技能将其擒拿或打击其要害。在汽车或火车过道中使用技能动作时，要抢占车厢过道等有利位置，便于移位和环视整个车厢。如果发现对方，要避开其视线，阻挡犯罪分子或犯罪嫌疑人接近司机，以保证司机的安全驾驶。如条件许可，应发动车上的群众共同制服犯罪分子或犯罪嫌疑人。这样既有利于打击犯罪，又便于保护人民群众的安全。

（五）船舶上实战

防卫技能在船、舰上的运用：在船、舰甲板上，由于场地和活动范围较大，因而可以使用各种技能。但是由于船、舰在行驶中不平稳，降低身体重心显得特别重要，这是使用技能动作的关键。要尽可能地抢占有利位置，利用甲板上各种物体掩护自己把握战机，以便有效地攻击对方要害或致命部位。在船、舰内，场地狭窄，必须利用步法的快速移动，主动接近敌人一侧，突然出击将其制服。

（六）飞机上实战

防卫技能在乘坐飞机时的运用：在飞机上发现犯罪分子或犯罪嫌疑时，要根据暴力劫持飞机的形势和对手情况，合理运用技能动作，保护飞机设施。首先及时地识别、发现对方在瞬间进行的犯罪活动，是在飞机上完成技能制止犯罪的先决条件。例如借找水、上厕所的机会，接近犯罪分子或犯罪嫌疑人。要严密监视敌情的变化，采用先发制人的措施将其制服。在飞机上尽可能控制、监视对方，制止犯罪分子或犯罪嫌疑人向驾驶员靠拢。若发现对方准备施展暴力时，要当机立断，迅速攻击其致命部位将敌制服。在飞机上使用防卫技能抗暴时，应当注意维持乘客秩序。这对保障乘客安全，肃清犯罪分子或犯罪嫌疑人有很大的好处。这时应迅速利用通信设备与上级有关部门取得联系。

三、实战战术

（一）对付进攻凶猛的敌手

首先不与敌纠缠，避其锋芒，保持体力。其次利用周围的空间条件，运用灵活多变的步法，避开敌攻击，削弱其体力和攻击力。最后抓住对方的破绽，运用防守反击技术，重击其要害部位，将其制服。

（二）对付擅长防守反击的敌手

面对敌方，首先要加强防守，攻击后要快速回防，始终保持完整严密的防守姿态。其次使计诱敌主动进攻，使其暴露出弱点，从而抓住反击的机会，采用多角度、多部位、快拳快腿攻击的方法，予以反击，使敌难以摸清我攻击的规律。

(三) 对付擅长用拳攻击的敌手

对付擅长拳攻击要抓住两点：第一，以长制短。我方面对敌方不与其进行拳法对抗，与敌保持远距离，视情况采用相应的腿法攻敌。第二，以摔制拳。与敌格斗中，创造条件诱敌近身，以抱腿、抱臂或挟颈摔擒动作制敌。

(四) 对付擅长用腿攻击的敌手

对付擅长腿攻击要抓住两点：第一，以拳制腿。面对敌方的攻击，我方防守时，要把距离控制在敌方刚好踢不到自己的位置上。我方一旦攻击，应快速进身，缩短距离，使其来不及起腿攻击，而后以拳法连续攻敌。第二，以摔制腿。面对敌方可诱敌起腿攻击，而后使用接腿摔擒动作制敌。另外，我方可进步逼敌，始终将距离控制在中、近距离上，使敌不宜使腿。如果我方用拳法攻击，必须随时准备用接腿摔拿、抱腿摔拿动作制服敌方。

(五) 对付擅长用摔攻击的敌手

面对敌方控制好双方距离，把距离始终控制在自己的拳、腿攻击范围内，不让敌方靠近自己。如果敌方进身，我方可使用肘法、膝法、勾拳等动作打击敌方，破坏其进攻。一旦我方脚被抓住，可连续猛力蹬踹击和转身后蹬击并抽腿解脱。如果小腿被抱住可迅速用手臂撑住敌肩、胸部，防其进身绊摔，也可边撑边用拳法击敌头部；情况允许时还可将被抱腿插入敌裆下，挑裆反摔敌。敌挟我手臂或上体摔时，我迅速降低身体重心，并向敌体侧移步支撑，继而可抢身到敌体前背摔敌；也可从后掏裆、抱腿砸摔。总之，应在敌未发力之前使用砸摔动作，阻止其攻击；一旦被对方摔倒，要进行自我防护，并尽快脱离敌的控制，而后实施反击。

(六) 对付处于优势的敌手

首先，当我方一人遭受数敌的围攻时，要迅速抢占有利地形，避免多面受敌攻击；也可采取各个击破，通过运动拉开与敌的距离，快速重击距自己最近、最危险的敌手，并在运动中逐个制敌。

当我方几人遭到数敌的围攻时，我方应迅速背靠背，形成防护圈，互相接应与支援；也可抢占有利地形，依托地形进行防卫；亦可以集中兵力造成局部优势，以多打少，各个击破。

其次，当我方体力不支或受伤时，可多与敌闪躲周旋，不可与敌硬拼，要抓住时机，迅猛反击，重击要害；当我方受伤后，应特别注意保护受伤的部位，避免再次受到打击。

最后，当我方受到敌凶器的攻击时，首先要注意力高度集中，保持身体的平衡，上下协调一致，确保进退和攻防自如；其次要控制好双方的距离，以刚好避开敌攻击锋芒，又能迅速进身攻击的距离为宜；第三要充分利用地物和其他物体结合擒拿格斗技术与敌周旋，注意闪躲，控制危险，急速进身，攻击要害。

四、实战要诀

（一）安全戒备

安全是保安人员正常执行活动的重要前提。保安人员在工作中，尤其是面对形迹可疑，身份不明的人员时，一定要有安全的意识，要有防突变、防突发的心理准备。这种安全的准备主要体现在思想的戒备和身体的戒备两方面。

1. 思想戒备

充分的心理准备是有效进行自我保护和安全有效地完成执勤活动的重要前提。为此：一要保持高度的警惕性。暴力使用者大多是一些不法的亡命之徒，他们在实施第一步犯罪以后，往往会继续进行更加严重的暴力犯罪活动，具有极大的疯狂性和残忍性。因此，保安人员要充分认识到这类犯罪分子的潜在危险，切勿麻痹轻敌或盲目行动，要对危险有足够的认识。

二要树立必胜的信心。高度的警惕性与保安人员进行自我心理调节和心理激发有密切的关系。在实际的暴力对抗中，一方面是真枪实弹短兵相接的搏斗，另一方面也是斗智斗勇的心理战。因此，保安人员要善于调动自己的主观能动性和随机处变的能力，激发自己的才干和智慧，树立起信心，在心理上战胜对手，这是赢得对抗胜利的关键。

2. 身体戒备

身体戒备是使身体处于一种随时都可运动的状态。身体姿势是行动的启动台，如果保安人员两腿发直，两手相背，一副"不服"样而对敌方进行盘问或训斥，敌方一旦攻击，保安人员只能眼睁睁地看着，而跟不上行为措施。所以保安人员与不同人"相处"时的身体姿势应是一种平和而始终待发的状态。

不妨可将两腿开立约同肩宽，身体45度侧向敌方，两膝保持略弯曲，身体的重心略向前，压在两脚掌上，保持随时能移动身体的状态。另外，可将两手放在自己的腹前，如果需要，可将两手上提成格斗姿势，也可根据需要在最短的时间内拔取警棍。如果敌方已经有暴力倾向或暴力行为，保安人员可直接手握警棍在腹前或成格斗姿势准备格斗。不管是发生暴力对抗还是没有发生，防卫者一定要处于某一稳定的姿势，稳定的姿势能带给防卫者的安心而无干扰和有力量，从而在心理上才有一种稳定状态，在这种稳定心理下，他可以不必担心敌方会选择时机发起进攻。

（二）控制距离

安全来源于距离，距离是就防卫格斗中双方的空间位置而言的，最佳的防卫距离是既有利于保护自己，又有利于攻击敌方。良好的距离能使保安人员获得反应的时间，能使敌方不能轻易地攻击到我方的身体。距离敌方的远近要根据实际的执法情况来决定，任何情况下保持与敌方的一臂距离是最基本的，基本的安全距离是敌方不能直接够着你，也就是说敌方要攻击你必须上一步才行。如果我方感觉危险性大，可加大与敌方的距离。因此，当使用防卫技能时，首先要捕捉良好的时机，然后迅速准确地目测距离，作出必要的对抗措施。距离不合适的攻击，是盲目的出击，是无谓的体力消耗，反而会给敌方造成可乘之机。实战中的距离，一般可分为远距离、中距离、近距离三种：

1. 远距离

远距离一般指双方相对距离的 1.5 米以外，在伸展对抗中远距离适用于防守，敌方赤手空拳往往无法打到我方，而且我方却便于摆脱控制。

2. 中距离

中距离是指不用上步，直接出拳、起脚就能击中敌方，使用各种打法均能奏效，因此，又称有效攻击距离，在实战对抗中该距离适用于防卫反击敌方。

3. 近距离

近距离是指较中距离更近，在这种距离范围内，双方用肘、膝、头及嘴均可能致伤敌方。该距离是趁敌方松懈大意而攻击的好距离。在实际防卫实战中，用腿攻击时距离的把握应近些，这是因为有效的防卫反击要求突发隐蔽，近处发腿（距离近敌方不易发现）。

在实战对抗中，实战者必须在恰当的距离使用恰当的技术，才能充分发挥技术，否则一切进攻或反击不是够不上目标就是超过了攻击目标。要知道，实战中的敌方是活动的，因此绝大多数攻击和反击是在移动中进行的，这就要求实战者不但要有良好的距离感，而且能够做到步中起腿出拳，灵活多变。

（三）适宜位置

同样的距离不同的位置，对保安人员来讲其防范的效果是不一样的。在一定距离上，保安人员选择不同的方位接近、停靠敌方，其危险程度都是不一样的。通常面对敌方应尽量避开正面而站，应站在敌方的偏侧位，自身还应保持侧身站立状，两腿保持一定的微曲状，以便随时移动防护。总之，为了保证执法的安全性，保安人员在执勤时应充分地考虑到危险的存在，当面对危险，特别是潜在的危险时，一定要作好准备，占据有利的位置，如有需要，随时自卫，并使用适当程度的防卫技能手段控制敌方的暴力倾向和暴力行为。

（四）把握时机

时机（或称战机）是指攻击侵害者的最佳时间和机会，时机是否恰当直接关系到防卫技能的运用成败。充分利用敌方的麻痹思想和无准备状况，"出其不意"、"攻其不备"，是防卫技能的主要战略战术点。在防卫实战中，善于捕捉时机的人，他们攻击的一拳一脚，总是能恰到好处地击中对手，对手想逃逃不了，想躲躲不过。相反，捉不住时机的人，他们的攻击总会落空失效。因此说，能否把握助时机，是取胜的关键。时机有多样性、随机性、易逝性、隐蔽性等特点，平时要在实践中多积累捕捉时机的经验，多学习时机方面知识，逐渐提高时机意识，不断增强捕捉时机的能力。常见的时机如下：

1. 主要进攻的时机

（1）在对手准备发起进攻时抢先攻击。

对手准备进攻但还没有发起进攻时，他的思想、意识和全身肌肉的运动都倾向向前的进攻上，相对来讲，这时他的防守能力就比较差。如果在这一瞬间抢先攻击对手，会使敌方措手不及，产生出其不意的效果。但要抓住这一战机需要丰富的实战经验和直觉反应。

（2）在对手精力分散时进攻

对手的精力分散，是指他的思想意识没有全部放在实战格斗上，就是平时说的思想"开小差"，这样的时间非常短，需要你细心体察，如遇此种情况，一定要坚决果断地出击。

（3）在对手变换动作时进攻

当对手变换动作时，攻防能力一般比较差，可以充分利用这一战机。在实战对抗中，双方经常要变换站位和动作，在对手变换过程中，适时地突施攻击，往往很容易奏效。

（4）引诱、欺骗或假动作起作用时进行攻击。

战机常常需要主动创造，被动地等待战机的出现是愚蠢的。引诱、欺骗、假动作是制造战机、扰乱对手的良好手段，当这些手段起作用时，就马上进行攻击。

2. 反击的是时机

（1）闪开敌方攻击点的同时进行打击。

也就是说在敌方进攻的同时进行打击，但必须通过步法或身型的变化，移动闪开敌方的进攻。

（2）防守的同时进行打击

在敌方进攻时，我方在用各种防守手段的同时攻击敌方，如敌方用右腿侧弹踢击我左肋，我方可用左手臂向下格挡防守，同时用右腿弹踢攻击敌方腹部，我方的这一攻击正好抓住了这一战机。

（3）敌方一击落空时进行攻击

敌方的一次攻击落空时，防守能力较差，空当也比较多，正是"旧力略过，新力未发"之际，这时可迅速准确地出击。

3. 连击的战机

如果我方的进攻（或反击）使敌方出现了下列三种情况，就要抓住时机连续攻击、毫不放松。

（1）敌方受击而失去平衡；

（2）敌方胡乱防守、毫无章法；

（3）敌方面对进攻盲目退逃。

时机的把握有时需要沉着、耐性的等待；有时需要你主动、积极的寻找和制造。机会一旦出现，就要看得准、出击快、多击狠打，实战对抗中情况往往复杂、瞬息多变，要注意现场情况，适时使用。

（五）保持平衡

对防卫者来说，在实战格斗中身体平衡的保持也是非常重要的。平衡须由身体正确的位置关系来达成。两脚、腿、身体躯干都是保证良好平衡姿势的重要因素，且是身体力量的传导工具。不管是静止站立，还是移动中，应保持双脚间正确的位置关系。将两脚直接位于身体之下，双脚的距离不能过窄，身体的重量要么平均地落在双脚上，要么做偏前或偏后状。上体躯干应随时、尽力垂直于胯上，身体倾斜时常使手和脚过于僵直而直接影响到平衡。许多防卫者，在对手进攻时喜欢移动脚和身体，改变重心，试图逃避对手的攻击，在自己进攻时，又明显地移动重心，这样，往往被敌方抓住时机，遭到有效的攻击而失去平衡。在实战对抗中，一旦需要迅速地移动时，一个好的防卫者通常能采用小且短的快速步代以维持对身体重心的良好控制。一脚的踢空往往可能造成瞬间的失去平衡。因此，实战格斗中，可先采取守势等待对手露出破绽而给予踢击。在攻击时，身体的重心必须能神不知鬼不觉地由后脚移动到前脚来，使后脚能自由地、快速地攻击敌方。

（六）快速出击

要想使攻防动作快速有力（爆发力），必须进行不间断地长久练习。应记住：重量×速度＝爆发力。换句话讲，当打击的爆发力达到一定程度时，身体越轻（阻力越小）其动作完成的速度就越快。其速度最终将依赖于身体的肌肉的弹性，呼吸的控制，踢击的目标的准确性以及精力的集中程度。

一个强劲有效踢击动作的实施，不只是靠脚、腰、腿、膝、踝，脚趾及胯也是很重要的。越是能把这些因素协调地配合起来，踢击的爆发力就越大。例如踢腿，当然关节的柔韧是重要的，但也许速度是更为重要的。踢击中实施的爆发力，其决定点，是要看关节，在最后鞭打时快速发力。对于所有踢击动作来说，要想使任何一个动作获得成功，都必须有速度的基础，否则就很难成为有效的力量。

在上肢的击打中，根据实际情况的需要，时常使用一些强打或弱打，这都意味着速度快慢上的变化，所谓弱打，就是慢速度，而强打则表示快速度。我们知道增加速度的方法和身体重心的移动密不可分（重心在后腿，后腿起动踢击就慢于前腿的踢击）。而要想快速变换重心，就得使身体外于一种随时可动的不稳定状态，这样才有可能获得高速度。

为了提高击打的速度素质，应尽可能地提高身体的柔韧、协调性，它能最大便利于速度的发挥。因此，在平时的练习中，无论何时都应学会放松肌肉，以保持各关节所必需的柔韧性。因为人体的各关节都是由骨头、骨骼肌、肌健组成并支撑的，而骨骼肌属随意肌，是可直接受大脑中枢神经支配其伸缩运动的，一旦肌肉不够柔韧或僵硬，就很难快速地接受神经系统的命令在瞬间完成灵活的动作，这样一来，攻防动作的迟缓也就不可避免了。

（六）反击要害

为了能最大限度地增加防卫的有效性，保安人员需要了解人体的要害部位，这些部位一旦遭到足够力量的攻击，将会使保安人员有宝贵的时间进行主动防卫。人体的不同部位承受打击的能力差异很大，有的部位承受能力强，有的部位承受能力弱，如果击打承受能力强的部位，力度不够，便不能奏效。如果击打承受能力弱的部位，即使力度差一些，也能奏效。根据人体承受击打的程度，可将要害部位分为三级。

1. 一级要害：

人体最易受攻击的点，不需要太大力即能攻击奏效。一旦防身自卫，它们是首选的攻击目标。

（1）裆部：该部位是男子的要害，即使是很弱的女子或男孩，只要准确地攻击该部位，就能使任何大汉屈服；女子的裆部也一样，由于该部位的不堪一击，是防卫攻击的首选目标。

（2）眼睛：该部位是防护薄弱、容易受到损伤的人体部位。该部位怕砂、怕土、怕刺激，攻击时不需要太大的力量，否则易造成损伤，轻者出血、水肿，重者眼球爆裂、失明。

（3）咽喉：该部位有食道、气管、静脉及神经，一旦遭到打击，呼吸血流受阻，神经反射作用出现，轻则说不出话，咽口水疼，重则窒息昏迷。

（4）颈侧：该部位有颈动脉，遭有力打击，会导致脑部供血供氧不足，严重者会昏迷甚至死亡。

（5）腋下：该部位有丰富的神经，遭遇打击，轻则疼痛憋气难忍，重则吐血窒息。

2. 二级要害：

需要相当力量攻击才能奏效的要害部位。这些部位的攻击，必须把握适宜的机会、距离和攻击角度，必须用你全身的力量。

（1）太阳穴：该部位是颅骨交汇处，骨质最薄、最弱，遭击打后易形成颅骨动脉沟处的骨折，并刺激神经，轻则头晕目眩，重则造成脑震荡，神志失常，甚至致死。

（2）后脑：该部位有一玉枕穴，遭受重击，会形成颅内血肿，造成脑震荡，甚至死亡。

（3）膝关节：膝关节一般情况下不易折断，但当腿伸直而又放松不备时，如果受到正面或侧面的攻击，就容易受折。

（4）肘：肘关节也同样不易折断，如果是处于伸直状态而且手臂前端被又固定，那么遭受反关节方向的击打就容易受折。

3. 三级要害：

需要很大力量攻击才能奏效的要害部位。对这些部位的攻击，需要配合其他部位的攻击。

（1）鼻梁及面部三角区：该部位承受能力很弱，如打击有力，会产生酸痛流泪，甚至休克。

（2）下颌：该部位遭击打，一者伤害下颌关节；二者震动头部并刺激颈椎，造成敌方的休克。

（3）耳根：该部位遭击打，会造成酸疼头犯晕。

（4）腹上部：该部位又称"心窝"，具有许多神经丛，如遭到击打，会造成两眼发黑，突然窒息。

（5）肋部：该部位遭到拳脚掌尖等的击打，肋骨很可能造成骨折。

（6）肾腰部：该部位遭到拳脚的打击，就会产生剧痛，并造成内伤。

当然，这些要害的划分，是针对一般情况下人体抗击打的程度而言。是要害还是不是要害，都是相对的，都是可以随双方的条件及环境条件的变化而发生改变。这就要看防卫者，在实际防卫中是如何把握的了。

第三节 执行勤务时的防卫

保安人员在执行勤务时，有时会遇到聚众械斗、抢劫、偷窃、不服从管理或以暴力方法抗拒或阻碍依法履行职责等严重破坏社会治安秩序的现象。当我们对这些违法现象进行制止时，往往会遭到这些违法犯罪分子的攻击。所以，作为一名合格的保安人员，应具备能应付一切可能意外事故的能力。强加练习，掌握技能，一旦遭到违法犯罪分子的攻击，就能更有效地保存自己，制止犯罪。

一、防卫的注意事项

（一）保持镇静，迅速搞清袭击情况

在制止违法犯罪分子的违法行为时，无论遇到什么情况，首先应做到保持镇静，并迅速搞清现场的情况，做出正确判断。有时当意识到自身遭到突然袭击时，往往自己身上已受到了对方的打击或已被对方控制。此时心理上由于高度紧张往往容易产生一种恐惧和慌乱的心理现象。所以，越在这种情况下越应尽力控制自己的慌乱心情，保持镇静，迅速搞清袭击者的方向、人数、袭击的方式等，同时正确判断自己目前所处的处境，并迅速采取有效的防卫反击。

（二）迅速隐蔽，寻找机会反击

当保安人员遭到突然袭击之时，应尽量避开对方的连续袭击。迅速寻找安全之处或保持距离，寻找机会进行防卫反击。如：对付持枪袭击者，要尽力寻找机会夺过或打掉其手中的枪支；对付持有凶器的袭击者，应充分利用自身所掌握的防卫技能，将其手中所持凶器夺过或打掉。如若不能夺过或打掉，则应拉开距离，使其不能继续伤害；对付徒手袭击者，应集中精力全力反击，力求将其制服抓获。

（三）灵活地应用防卫反击战术

当保安人员突遭袭击而进行防卫反击时，要机智灵活地运用一定的战术方法与袭击者周旋。要避免出现不分情景、不分危险程度、不分反击时机和反击条件而盲目硬拼的错误做法。应根据当时现场的情况灵活地应用战术。

二、常遭突袭的方式和手段

保安人员在执行勤务中，当对违法犯罪嫌疑人的犯罪行为进行制止或盘问时，犯罪嫌疑人为了达到其犯罪目的，企图逃脱法律的制裁，往往会对我阻止其犯罪行为的人员进行不择手段的突然袭击和欺骗，其表现形式如下：

1. 事先摸清执行勤务人员活动的规律，乘其不备突然施以暴力袭击。

2. 对夜间单独值勤或行走的保安人员采用"问路贴靠"的方式实施突然袭击，或者采用报假案请求"帮助"的诱骗方式，将其引开实施突然袭击，以达到其违法犯罪的目的。

3. 当保安人员在执行勤务时，发现行为人有重大可疑之时，行为人因怕罪证被发现或为逃脱盘问，而实施突然袭击。

4. 犯罪嫌疑人正在实施现行犯罪活动，被我执行勤务人员发现，犯罪嫌疑人为快速逃脱，采取"先下手为强"的方式，突然袭击我勤务人员。

5. 犯罪嫌疑人通常是在先有准备的情况下，持枪、持械进行突袭；有的则就地取材或抢夺器械具杀伤、杀死我勤务人员。

三、突遭袭击的防卫战术

（一）突然遭到持枪犯罪嫌疑人袭击时的防卫战术

1. 迅速隐蔽，寻找机会反击

当保安人员突然遭到持枪犯罪嫌疑人的袭击时，应立即做出反应。降低身体重心，同时，迅速离开原地，向附近有掩蔽物之处移动。即使由于当时枪战发生得太突然而在瞬间来不及移动时，也应采取迅速蹲下或者卧倒的方式，以保护自己的安全。据军事上的统计，在枪战中，人在站立时被击中的概率是85%左右，而在卧倒的状态下被击中的概率只有55%左右。因此，只要在被袭击的瞬间，能够立即做出快速正确的反应和战术防卫动作，其效果是大不一样的。

若携带防暴枪支，应立即据枪准备射击，同时，还要迅速判明袭击方向、袭击者的人数、距离和位置等。在没有判明上述情况之前不可轻举妄动。通常，只要躲过了对方的第一次袭击对我形成的威胁，而我又处在隐蔽状态下，就有了摆脱被动、伺机反击的机会。

2. 快速撤离到安全地带，寻求支援

在突遭袭击后，若发现自己中弹负伤，应迅速寻找掩蔽处，在掩蔽状态下静躺不动，等候支援。轻伤时可利用随身衣物自救包扎。若携带防暴器械或其他物品工具，可在判明袭击人数、位置及距离后，采取相应的防卫手段，使之不能向我逼近，等候支援。

如果对方人数在两人以上，而且均持有武器向我袭击，而我又手无寸铁，身边又没有任何武器可利用时，则应迅速利用地形、掩蔽物采用敌火力下的运动方式，设法尽快摆脱现场，并与有关部门取得联系，求得增援。

3. 摆脱控制，寻找机会反击

当突然遭到持枪犯罪嫌疑人的近身袭击并被加以控制时，首先应迅速镇静下来，只要对方没有立即开枪，就应想方设法摆脱控制和寻找机会进行反击。例如：可采用不断说话的方式，扰乱对方思路或注意力；可有意示弱，伪装恐惧，借故周旋，使之放松警惕。趁对方不防，主动下蹲或倒地，转移对方视线，但眼睛要始终盯住对方持枪的手，只要对方枪口射线移出我体外，即可出其不意地使用防卫技能动作进行反击。例如：当对方上前接近时，则可乘其上前之机猛推其枪，使枪口射线离开我人体，同时运用所掌握的技能动作进行突然、快速、有力的反击。

保安人员在执行勤务时，如果没有携带器械而遭到突袭或控制，则应保持镇静，想方设法转移对方的注意力，并可主动声明自己没有器械，以麻痹对方，不使其立即开枪。还可主动让其接近搜查。然后，乘其上前搜身持枪动作变形之时，运用所掌握的技能动作进行突然、快速、有利的反击。以达到摆脱险境，反击成功的目的。

（二）突遭持械犯罪嫌疑人袭击时的防卫战术

当犯罪嫌疑人持械近身突袭我保安人员时，一般情况下犯罪嫌疑人多使用棍棒、刀、斧、锤、绳、石、砖之类的凶器。当遭到此类凶器的攻击，无论是否受伤，第一个反应是立即避开此类凶器的再次打击，并与之保持一定的距离，然后再寻找机会进行反击。

保安人员如果没有佩带或携带械，则应在与犯罪嫌人拉开距离的同时，设法就地取材，寻找可作为防卫器械具有任何物品与之搏斗周旋，想方设法夺下犯罪嫌疑人手中的凶器并将其制服。在搏斗中应虚张声势，大声呼喊，以引起周围群众的注意，求得周围群众或同伴的支援。若犯罪嫌疑人开始逃窜，在我没有受伤的情况下应紧追不舍地追上犯罪嫌疑人将其制服。

如果遭到犯罪团伙持械袭击时，而我又手无寸铁，则应设法尽力摆脱被其追杀的被动处境。如感到难以应付，应尽快向人多之处、就近建筑物之处或有坚固门窗的房屋之处运动隐蔽，寻找机会各个击破。同时，可设法求得周围群众的支持和帮助与就近公安部门取得联系，求得支援，最终达到制止犯罪的目的。

如果没有条件反击时，也可"以退为进"，暂时利用就近的地形、建筑物隐蔽，并记下犯罪嫌疑人中的一个或几个人的大概年龄、体貌特征、声貌特征等，待事后再根据犯罪嫌疑人的以上特征，提供给公安部门，再行查获。

（三）突遭徒手犯罪嫌疑人袭击时的防卫战术

当遭到徒手犯罪嫌疑人的袭击时，只要发现对方人数单一，又没有枪支或其他凶器时，应全力以赴地运用各种踢、打、摔、拿等技术与之搏斗，直至制服犯罪嫌疑人将其抓获。

在与犯罪嫌疑人的搏斗中，若我方携带器械，应寻找机会充分利用。但在使用过程中要防止被犯罪嫌疑人抢夺，对我产生伤害。只要发现犯罪嫌疑人有抢夺器械及伤害我的行为时，则可使用器械予以制止。

一般情况下，遭到犯罪嫌疑人徒手袭击事件多发生在检查、盘问过程中，犯罪嫌疑人为寻求脱逃之时。这些情况的发生又常与我们本身警惕性不高，行动疏忽大意或因意外干扰而使注意力转移造成的。对此应引起我们的高度注视，尽量避免此类事件的发生。

四、盘问防卫

盘问是保安人员发现、识别违法犯罪嫌疑人员身份，发现其犯罪事实和证据，并采取相应处置措施的手段。保安人员在实际执行勤务工作中，经常有这样的情况：保安人员发现行为人有重大嫌疑，上前拦截、盘问时，行为人由于因怕暴露破绽而突然对保安人员发起攻击，或一开始先应付一阵，一看情况不好，突然逃跑或攻击保安人员。为此保安人员必须掌握盘问的基本要点和准备对付突发情况的相应技术方法。

（一）在思想上保持高度的警惕

盘问中，注意观察对方的一言一行及各种表情，眼睛应盯紧其双手，并以对方双手的突然动作或可疑动作，作为自己快速反应的信号。为了安全可命令对方将双手置于体前，以便观察。保安人员除了观察其行为举止外，还应观察其表露出的内心活动，如对盘查的问话似听非听，心不在焉，或所答非所问，或默不作答，或用目光扫掠目标，这种内心活动的外露和"视力行为"的出现，一般都预示着有轻举妄动的可能。

（二）注意站位

确定盘问对象以后，保安人员应选择受敌面小、控制面大的位置站立，如果是两名或两外以上保安人员盘问时，要有明确的分工，注意互相配合，一人盘问一人监控，另一人警戒并负责时刻保持与有关部门的快速联系。时刻防止任何违法犯罪嫌疑人的反抗行为发生，或防止同伙的袭击。在盘问时应注意站位的姿势和站位的合理性。站位及其站立姿势是保安人员盘问防卫的基础动作，其动作要点是：双脚前后开立稍肩宽，侧身站立，重心在两腿间，眼睛注视对方的双手、肩和眼；与盘问对象保持1.5~2.0米的距离。一名保安人员正面盘问，另外一名保安人员应站对于对方的侧面、后面，负责监控，与受盘问者保持约1~1.5米的距离，防止盘问对象的反抗、逃跑等行为，同时也防止周围第三者的袭击。另外，在站位上还要利用地形地物，使盘问者处于相对安全的位置，又便于控制对方的行动。常用的站位方式有侧应式：负责盘问的保安人员站于盘问对象的正前方，负责监控的一外保安人员位于盘问对象的一侧（一般为右侧，因为多数人的习惯是右手掏拿东西），三人构成三角形。

（三）要根据现场情况，选择合适的盘问方式

在人群中对犯罪嫌疑人的盘问时，要注意尽量借故将盘问对象带离人群，到安全处进行盘问。如果情况特殊，不得不就地盘问时，应采取相庆的盘问方式将盘问对象与周围的人群隔开，除了盘问者外，其他保安人员要高度注意盘问对象的一言一行及周围人群的变化动静，以防盘问对象的突然危险动作及其他同伙的行凶。

总之，盘问是临战前的一种交锋，各个环节，各个方面都要考虑周全，才能保证盘问的顺利进行。盘问中对方的异常举动，保安人员要胆大心细，灵活机智，勇敢果断，视对方异常行为的程度采取相应的轻、重、缓、急强制性手段，时刻控制对方，确保自身的安全。

第二章　防卫姿势和身体移动

第一节　防卫姿势

一、格斗姿势

格斗姿势是敌我双方处于相持状态时的防卫预备姿势。我方可两脚前后分开站立，两脚尖内扣（两脚平行，脚尖方向与正前方向的夹角为45°），脚间前后距离宽于肩，脚间横距约为10厘米，两膝微屈，重心在两腿之间；上体45°侧向正前后方向，两手握拳，前手臂弯曲，肘关节夹角为90°，前手臂与上下垂直方向夹角为45°，前手拳与鼻同高，拳眼朝后上，后手臂弯曲，肘关节夹角小于90°，大小臂紧贴同侧的肋部，面部朝正前方，闭嘴合齿，下颏微收。左脚在前为左格斗资势（图2-1、2）。该姿势具有三个优点：

第一，便于移动

我方处于该姿势时，身体重心在两腿之间，不论做前后左右的移动，都是等长距离，无须明显地倒换重心。另外，微屈的两腿使身体总是处于一种欲动的"弹性"状态，增加了步法移动的灵活性。

第二，便于进攻

我方处于该姿势时，两手所放的位置和两脚站的距离根据防卫实战的需求，能有足够的距离控制对手，且便于灵活地变换和运用各种进攻方法，并使之发动迅速。

第三，便于防守

图 2-1

图 2-2

我方处于该姿势时，能最大限度地便于防守：一是侧身站立，身体暴露给对手所击打的身体部位相对少；二是两臂一上一下，紧护头部和躯干，使胸、腹、裆等部位或要害部位处于有效的保护下。另外，下颏微收，闭嘴合齿，缩小了咽喉的暴露面，因而整体的防守面较大。

二、警戒姿势

在日常工作及生活中，保安人员不可能时常作出格斗姿势。正确的防卫站立姿势，应在发现侵害情况时，能立即作出相应的防守或反击动作。但同时，又不能让别人察觉出我方的防卫准备。

因此，在平时我方可将两脚前后开立，侧身面对对方，脚间距约同肩宽，两膝略弯曲，前脚微内扣，身体重心置于前脚掌上，两腿保持一定的弹性，一旦需要可迅速移动，不必做出先屈膝缓冲的预备动作。

上肢的摆放可将两手交叉放于腹前，这就便于以最近的路线，保护裆部和腹部；也可将两臂交叉，盘抱于胸前，既便于保护头部，又便于防护躯干的部位免受攻击；还可一手抱臂置于腹前或一手托肘，另一手开掌或握拳置于下颚处，一旦有情况两手迅速作出攻防的动作。（图 2-3、4、5、6、7）

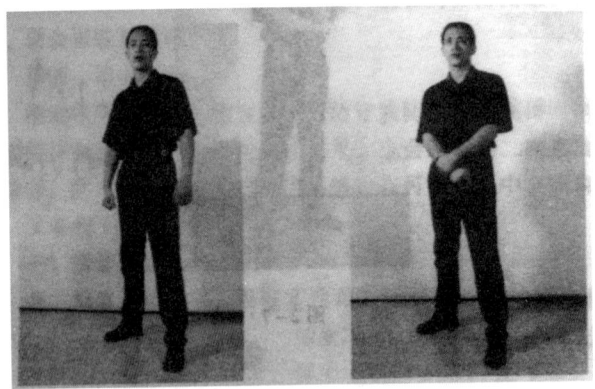

图 2-3　　　　　　　　图 2-4

图 2-5　　　　　　　　图 2-6

图 2-7

第二节　身体移动

防卫的实战对抗中，身体移动的快慢，移动距离的大小，直接影响着攻防的效果。它的要求有以下四个方面：

第一，灵活敏捷

身体移动变化时要轻松自如，虚实变换，让敌方抓不住我方的身体重心所在，给对方造成判断困难。防卫实战时身体移动灵活，首先力量是基础，膝关节、踝关节弹性要好；其次在站立时两脚相距不宜太宽，两膝弯曲不能过大，身体重心尽可能不向一边倒（除必要的进攻外），实战中应该是"动态型"，尽量避免"静止型"。

第二，速度快

双方交手前都处在相持和窥视状态之中，互相保持着一定的距离，任何一方发动进攻，必须以快速的步法移动接近对方，在有效距离施以技术，进攻才能生效。同样，防守一方也必须具备快速的后退和躲闪能力，防守方能成功。

第三，重心稳

我方掌握了对方的身体重心及移动的规律，就可破其稳定，以巧取胜。另外，我方如果站立不稳，遇有对手使用掀、托等方法，便会很容易倒地。

第四，移动准确

准确地移动身体，能为进攻、防守或防守反击赢得时间。进攻时的步幅太小，不能产生最佳效果，也会影响到二次进攻和回位防守。防守时步法移动的距离不够，有可能被击中，而移动过多，又不利于反击，错失良机。

一、滑步移动

我方格斗姿势站立，根据实战需要可做各方向的滑步移动，如前滑步：后脚蹬地，前脚先向前进半步，后脚再跟进半步。后滑步及侧滑步同样，向哪一方向移动，那一方脚先移动。（图2-8）

该移动要求身体平稳移动，移动中身体姿势保持不变，前后脚等距移动。移动中不可前后腿移动距离不等，身体上下过于

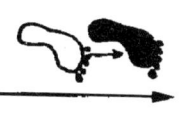

图2-8

起伏。实战中如需要也可连续滑步调整距离。

二、闪步移动

我方格斗姿势站立,当防守正面直线攻击时或欲侧向攻击对方时,我方可做左右的迈步闪躲移动。如向左跨步移动,左脚可向左侧跨半步,右脚略向左脚靠近,两膝弯曲,上体保持实战姿势或右手随着身体移动时可做上下移动的动作。如向右跨步移动,右脚向右前方跨出一步,左脚略向右移而左手做由上向下移动的动作。(图 2-9)

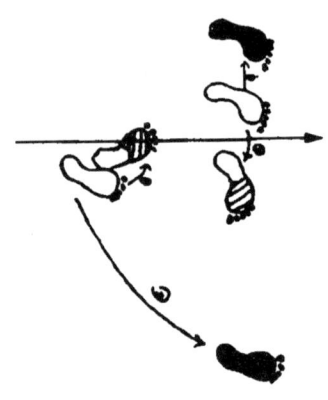

图 2-9

该动作要求向左或向右跨步时,身体应随着向左或向右的移动而自然转髋,后脚跟进,以保持身体的平稳;移动时应收腹含胸,重心倾向主动移动的腿,全身肌肉协调配合,动作敏捷,两脚一虚一实。实战中不可将身体重心过于上浮。

第三章 基本防守技术

第一节 手防守

一、拍击

动作过程：

格斗姿势站立，当敌以右直拳击打我头面部时，我用左掌由左前向右作拍击，左手过自身头部正中线即可，力达手掌。（图3-1、2、3）

图 3-1

图 3-2

动作要点：

手拍击的同时身体略向右转，拍击动作要快速且幅度小。

动作用途：

我方拍击来拳，使拳改变方向。

图 3-3

图 3-4

二、扣手

动作过程：

格斗姿势站立，当敌以右直拳击打我头面部时，我迅速向左闪，同时左手前伸，顺敌右手臂外侧或内侧，作格挡并迅速勾手下扣，扣住敌的右手腕部。（图 3-4）

动作要点：

侧闪要以身带步，扣手时左肘要下沉，小臂与地垂直，小臂带动手外旋，别住其小臂。

动作用途：

我方对敌的控制，使敌难于发动第二次进攻。

三、搂手

动作过程：

格斗姿势站立，当敌用左下直拳或左蹬腿攻击我腹部或左肋时，我微后闪，同时左手前伸，将下掌由上向下、向左后或向右后搂挂敌手腕或脚踝部。（图 3-5）

动作要点：

收腹、含胸、搂手动作不要过大。

动作用途：

搂手主要是配合其他技术做防守反击。

图 3-5

四、托肘

动作过程：

格斗姿势站立，当敌以右直拳击打我头面部时，我迅速后闪，同时左手前伸，将手掌由敌手臂下方，向上（虎口朝自己）托抓敌肘部，使敌右直拳改变方向。（图3-6）

动作要点：

托肘要干脆利落，后闪与上托要一致。

动作用途：

在对敌的攻击进行防守时，又能进身反击，从而阻止了敌方的二次攻击。

图 3-6

五、带肘

动作过程：

格斗姿势站立，当敌用右手攻击我腹部时，我迅速向左侧闪，同时左手前伸，将手掌顺敌右手臂用力方向（虎口朝敌方）抓住敌右肘并回带。（图3-7）

动作要点：

收腹侧闪，抓肘快速。用左手的中指、无名指和小指与其掌根（大鱼际和小鱼际）半握扣抓敌肘。

动作用途：

借敌力量，顺水推舟。常用于对匕首攻击的防守。

图 3-7

六、掳手

动作过程：

格斗姿势站立，当敌用右直拳攻击我头面部时，我方迅速将左手臂上穿，并将手掌向外、向前顺敌手臂绕环，扣抓敌肘。与此同

图 3-8

时，我右手快速前插，由敌右手臂下穿过，向上扣抓敌肘上部与左手继续下摇，使敌右手摇向我右侧，随之用右手把敌右手臂带到右腋下，控制对方（图3-8、9、10）。另外，我方也可迅速向左侧后闪躲，同时用右手从敌右手臂外侧刁扣敌手腕，用左手上托敌右肘，向右下方掳带。

动作要点：

手步相随，闪掳快速，力由身带，收腹坐髋。

动作用途：

主要是与敌交手时，进身的方法，使敌处于被动位置。

图 3-9

图 3-10

七、叠手

动作过程：

格斗姿势站立，当敌用左直拳击打我面部时，我迅速后闪，同时以左手横格挡敌左手臂内侧，并向下叠扣，身体前压随之左手顺敌左手臂下缠绕右肩上方，右手迅速压在敌左肘上前推（图3-11、12、13、14、15）。当敌上右步用右直拳击打我面部时，我迅速向左侧闪，以左手格挡敌右小臂外

图 3-11

侧，同时左手叠扣并顺其手臂缠绕至敌右上臂之下，托住其手臂（图3-14、15）。

图 3-12

图 3-13

图 3-14

图 3-15

动作要点：

手和身同动，叠手、缠绕要连贯，粘黏连随。

动作用途：

与敌交手时进身的方法，使敌处于被控制的姿势。

第二节　手臂防守

一、格挡

动作过程：

格挡分左、右斜上格挡和左、右斜下格挡及左、右内格挡。都是用小臂外侧为力点，配合转体拧腰，进行格防。如，左上格挡：格斗姿势站立，当对方右摆拳或侧弹攻击我头部时，我方可将左小臂略前伸，以外侧为力点，配合拧腰，向

左上格挡来拳的手臂。（图3-16、17）

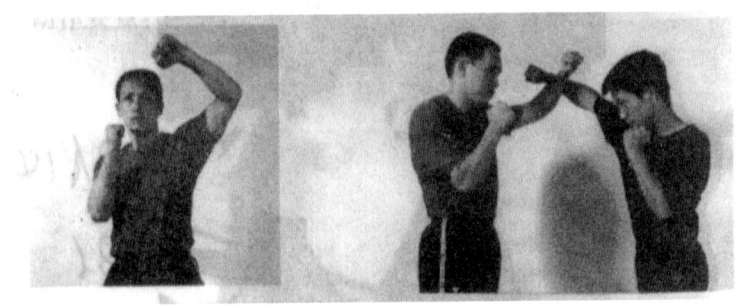

图3-16　　　　　　　　　　图3-17

动作要点：

小臂略伸、格挡和拧腰要协调、短促、有力，格挡时要有略旋臂的动作配合。

动作用途：

防守来自侧面的拳腿攻击。

二、阻挡

动作过程：

臂阻挡有双臂阻挡和单臂阻挡。单臂阻挡有屈臂上挂、掩肘阻挡及肩臂阻挡。双臂阻挡有竖、斜、横阻挡。我方格斗姿势站立，当对方右摆拳攻击我方头部时，我方左臂屈臂配合拧腰右转，向同侧头部或肩部上方回带上抬，肘尖朝前，完成

图3-18

屈臂上挂阻挡（图3-18、19）。另外，当对方直拳攻击我胸腹部时，我方可将左臂屈紧回收，贴紧于胸前含胸收腹收下颏，完成掩肘阻挡（图3-20、21）。也可将左小臂下放于腹前，左

图3-19

肩上提贴紧同侧头部，同时身体略右转，右拳向左横移置于左侧头面前部，并贴紧，完成肩臂阻挡（图3-22、23）。也可将两手屈臂握拳置于胸前，双臂前伸，将两小臂平行竖架或斜架或横架，以小臂的背内侧为力点，配合含胸收腹，向前架顶来拳，完成双臂阻挡防守（图3-24、25、26、27、28、29）。

图 3-20

图 3-21

图 3-22

图 3-23

图 3-24　　　　　　图 3-25

动作要点：

手臂于头部、躯干尽力贴紧；收腹团身，收下颏。

动作用途：

防守来自侧面、下面的拳攻击。

图 3-26

图 3-27

图 3-28　　　　　　　　图 3-29

三、挂挡

动作过程：

格斗姿势站立，当对方用脚蹬踢我方胸、腹部时，我方闪身，用左（右）前臂向下、内旋，向右（左）斜下挂防，拳眼朝里，格挂对方攻击的小腿。（图 3-30、31）

动作要点：

手臂向侧、往回格挂，同时结合左（右）侧闪。

动作用途：

防守正面对我胸腹部的直线攻击。

图 3-30　　　　　　　　　图 3-31

四、搂抱

动作过程：

格斗姿势站立，当对方用脚侧面弧线攻击我方胸、腹时，我方用左（右）掌由上向下经左（右）下向右（左）上划弧掌心向右（左）上，力达掌心，搂抱对方攻击的小腿或踝关节。（图3-32、33）

图 3-32　　　　　　图 3-33

动作要点：

手掌向侧向搂抱，同时结合右（左）转体。

动作用途：

防守侧面对我的弧线攻击。

五、上架

动作过程：

格斗姿势站立，当对方用拳或掌正面从上向下攻击我方的头部时，我方将双手成掌交叉于胸前，成十字向上格架其攻击的手腕部。（图 3-34、35）

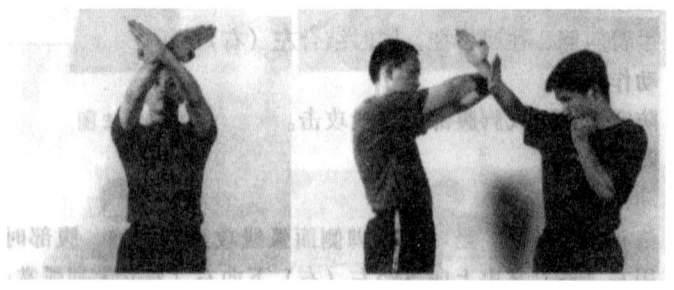

图 3-34　　　　　　　　图 3-35

动作要点：

上体含胸，双臂整体协调发力上推架。

动作用途：

防守正面由上向下对我头部的弧线攻击。

六、下截

动作过程：

格斗姿势站立，当对方用脚正弹踢攻击我方的裆部时，我方双手握拳交叉于体前，成十字向下格压其攻击的小腿或踝关节。（图 3-36、37）

图 3-36　　　　　　　　图 3-37

动作要点：

含胸、沉肩，双臂整体发力。

动作用途：

防守正面由下向上对我裆部的弧线攻击。

第三节　腿、脚防守

一、提膝阻挡

动作过程：

格斗姿势站立，当对方用右腿横踢我腰部时，我方身体略右移，右腿支撑重心，左腿体前屈膝上提，上体收腹下沉。（图 3-38）

动作要点：

提膝腿屈紧，膝朝前，肘膝相合，两臂内收，收腹团身，支撑腿微屈。

动作用途：

防守来自侧面及正面的腿攻击。

二、蹬踩阻截

截腿阻挡是防守者在对方欲攻击或正实施攻击时，运用一定的腿法，如正蹬腿、截蹬腿及侧踹腿等，直接攻击对方的腿部或躯干，以阻止对方的攻击。其动作的要求是注意力集中，在准确判断对方动作预兆的基础上，快速起腿移动重心。（图 3-39）

图 3-38

图 3-39

第四节 躲闪防守

一、侧身闪躲

动作过程:

格斗姿势站立,当对方用右直拳攻击我方的头部时,我方上体向左(右)偏转约90°,同时重心偏后移,收下颏,目视对方。(图3-40)

动作要点:

腰背肌保持紧张,含胸收腹,收下颏。

动作用途:

防守来自正面对上身的攻击。

二、仰身闪躲

格斗姿势站立,当对方用右劈拳攻击我方的头部时,我方上体后仰,重心后移,眼视对方。(图3-41)

图 3-40

图 3-41

动作要点:

腰背肌保持紧张,含胸收腹,收下颏。

动作用途:

防守来自正面和侧面对上身的攻击。

三、下潜闪躲

动作过程:

格斗姿势站立，当对方用右摆拳攻击我方的头部时，身体下蹲，同时上体略前倾，并以腰为轴将上体作向左（或向右）弧线移动，收腹，收下颏，用双拳和双臂护住面部和胸部。目视对方的胸腹部。（图3-42）

图 3-42

图 3-43

动作要点：
屈膝下蹲，收腹团身，收下颏。
动作用途：
防守来自对头胸部的攻击。

四、撤步闪躲

撤步闪躲是利用一定的步法技术，向侧面后方移动而躲闪对方攻击的防守技术。其动作的要点是撤步移动中，必须保持身体一定的格斗姿势，以便随时反击对方。

五、跳跃闪躲

动作过程：
格斗姿势站立，当对方用脚攻击我方腿的下部时，我方身体略下蹲，双腿蹬地起跳，双腿屈膝上提。上体尽力保持格斗姿势。落地保持格斗基本姿势。
动作要点：
身体蹲起快而协调，身体腾起时保持基本的格斗姿势。
动作用途：
躲闪对方对我腿下部的攻击。

六、提膝闪躲

动作过程：

格斗姿势站立，当对方用脚攻击我方腿的下部时，我方身体重心略后移，右腿支撑重心，左腿体前屈膝上提，上体保持格斗姿势。(图3-43)

动作要点：

提膝腿屈，膝朝前，上体含胸收腹团身，支撑腿微屈。

动作用途：

躲闪对方对我腿下部的攻击。

第四章 基本反击技术

第一节 拳 反 击

一、直拳

动作过程：

格斗姿势站立（以左势为例，下同），当对方欲上步接近以右直拳攻击我头部时，我方突然右脚蹬地，重心稍移向左脚；同时左拳小臂内旋直线向前快速击出，肘微屈，拳心向下，力达拳面，抢攻对方头部。（图4-1）

我方也可在对方攻击的同时，迅速左侧躲闪，随即右脚蹬地脚尖并向内扣，身体向左转动，拧腰，转髋，顺肩将右拳小臂内旋直线向前击出，肘微屈，力达拳面，拳心向下，攻击其腹部或胸部。（图4-2）

图 4-1

图 4-2

动作要点：

靠蹬地，拧腰，转髋，大臂催前臂，拳面领先，击打到目标的一瞬间要有寸劲，上体不可过分前倾，转体顺肩和击拳要协调一致。

动作用途：

直拳是一种直线性拳法，是拳法中最简单、最实用的一种拳法。在实战中，左、右直拳可配合使用，也可单独使用。左拳常用于抢攻或虚晃；右拳则重击，迎击对方可产生重创对手的良好效果。实战中，主要攻击对方的躯干和头部。

二、摆拳

动作过程：

格斗姿势站立，当对手用左直拳进攻我头部时，我突然向右侧闪，随即重心移至左脚，左脚蹬地，脚跟外展，腰部向右拧转，同时左臂抬起（大、小臂夹角约135度），左拳小臂内旋。左拳（约45度）向前、向里横向击打，拳心向下，力达拳峰，反击其右侧头部。（图4-3）

图4-3

我方也可向左侧闪，随即右脚微蹬地，脚尖向里扣，腰部向左拧转，同时右臂抬起，（大、小臂夹角约135度）右拳小臂内旋，右拳（约45度）向前、向里横向击打。拳心向下，力达拳峰，反击其左侧头部。（图4-4）

动作要点：

利用蹬地，右脚内扣，转髋，转腰发力要协调一致，右摆拳发力时，肘尖抬至与肩平，高于拳。

动作用途：

摆拳是一种弧线形拳法，它主要用于躲闪对方的直线形攻击而弧线横向反击。实战中，主要攻击对方的头部和颈部。

图4-4

三、勾拳

动作过程：

格斗姿势站立，当对手左摆拳击我头部时，我右手格挡防守，同时没身左上勾拳反击其下颚。左膝微屈，重心略下沉，左臂稍下降，左脚蹬地，向右转髋，转体，左拳由下向前上方勾起，同时小臂外旋（大小臂夹角约在90度至110度之间），拳心朝里，力达拳面，拳击出后迅速收回，目视前方。（图4-5）

图4-5

另外，当对手用右上勾拳向腹胸进攻时，左手掩肘防守，右拳上勾击其腹胸部（图4-6、7）。也可右脚蹬地，脚尖里扣，身体和髋部向左转动，右拳由下向前上方勾起，同时小臂外旋（大小臂夹角约在90度至110度之间），拳心朝里，拳击出后，迅速收回成原格斗姿势，目视前方。

图4-6

图4-7

动作要点：

利用蹬腿转体突然发动，加大击打力度。动作要连贯，顺达，用力由下至上发力。

动作用途：

勾拳是一种弧线性拳法，它主要用于接进对方后由下向上或由侧向里弧线反击。实战中，主要攻击对方腹部或下颏部。

四、鞭拳

动作过程：

格斗姿势站立，当对方欲接近攻击我方时，我方突然上步，同时将左拳以左

关节为轴，伸轴弹腕由里向外弹击，力达拳背，弹拳击其对手头面部。（图4-8）

我方也可在对方攻击我方时，我方突然右脚经左脚后插步，身体向右后转（约180度），同时左拳回收至胸前，上体继续右转约270度，随即以右拳背弧线向右横击，拳与肩平，拳眼朝上，力达拳背，攻击其头部。（图4-9、10）

图 4-8

图 4-9

动作要点：

击拳时手臂肌肉放松，动作发力时要快、脆、远，送肘，甩手腕。转身鞭拳时，以头领先，以腰带臂，鞭打甩击。

动作用途：

摆拳是一种弧线性拳法，它主要用于趁对方不备，抢先攻击对方头部，或结合防守转身鞭弹击打。实战中，主动快速弹击对方头部，或旋转利用惯性弹击对方头部。

五、劈拳

动作过程：

格斗姿势站立，当对方上步下潜俯身抱我腿时，我方右臂屈肘夹紧，大臂侧上抬且小臂内旋，同时大臂前送，小臂下劈压向前下方击打，力达拳轮，拳眼向上，击其颈侧部或背部。（图4-11）

动作要点：

劈拳时，以上臂带前臂，肘微屈。力从腰发，用力顺达。

动作用途：

劈拳是一种弧线性拳法，它主要用于由上向下弧线反击。实战中，主要攻击对方的头侧部。

图 4-10　　　　　　　　　　　图 4-11

第二节　掌　反　击

一、弹掌

动作过程：

格斗姿势站立，当对方欲上步出手抓击我胸部时，我方突然右脚蹬地，重心稍移向左脚；同时左手回收于胸前并向上翻，以大臂带小臂向前、向下弹击，手心向上。目视对方。（图 4-12、13）

图 4-13

图 4-12

动作要点：

以肘发力，顺肩、送肘。

动作用途：

弹掌是弧线性掌法。它主要用以迷惑和干扰敌人的大脑中枢系统，使其视觉受到干扰，起到声东击西的作用。实战中主要用于弹击头面部。

二、插掌

动作过程：

格斗姿势站立，当对方欲上步接近以右直拳攻击我头部时，我方突然右脚蹬地，重心稍移向左脚；同时将左掌心向下（或向上），五指并拢，由胸前正前方直线向前插出，力达指尖，戳击敌眼、喉部位。目视敌方。（图4-14、15）

图 4-15

图 4-14

动作要点：

掌直出直入，沉肩垂肘，力由腰发。

动作用途：

主要用于戳击敌人的喉部、眼部，使敌丧失抵抗能力。

三、按掌

动作过程：

格斗姿势站立，当对方欲上步接近以右直拳攻击我头部时，我方突然右脚蹬地，重心稍移向左脚；同时手臂内旋，拇指向下，用掌根向前下方按敌腹部。（图4-16、17）

图 4-16

图 4-17

动作要点：

手脚齐落，转腰、顺髋、送肩、压肘。

动作用途：

用于使敌重心改变，造成其力量的截断，从而破坏了敌人的技术发挥，使其内脏受损。（主要攻击敌的腹部）

四、横掌

动作过程：

格斗姿势站立，当敌方用右直拳攻击我头部时，我方向左侧闪身，同时右手臂内旋，手心向下，右腿蹬地、转腰顶髋并顺肩，将右手掌向前插出。用大拇指外侧掌根腕部（鼻烟壶周围）横击敌颈、下颌关节、耳门等部位。目视敌方。（图 4-18、19）

图 4-18

动作要点：

力由腰发，顺肩，横掌速度要快，干脆。

动作用途：

用于击打敌的下颌关节及颈部，起到出其不意的作用。

五、切掌

动作过程：

格斗姿势站立，当对方用右直拳击打我头部时，我迅速以左闪扣手防守，同时以右手上举绕过头顶，向前、向下击敌右侧颈部。（图4-20、21）

图 4-19

图 4-20

图 4-21

动作要点：

闪切同时，以身带手，身体前倾。

动作用途：

主要用于切击敌的后脑和后颈部。

六、扑掌

动作过程：

格斗姿势站立，当敌用左摆拳击打我头面部时，我迅速以右手向外封挡敌左拳，同时左闪以左手掌向前扑击敌面部（手心向前、向下）。（图4-22、23）

动作要点：

大臂前伸，送肘，小臂向前下压，扑其面。

动作用途：

图 4-23

图 4-22

此手法是使敌直拳落空，抑制敌的组合攻击，从而达到后发先制的作用。（主要用于扑击头面部）

七、撩掌

动作过程：

格斗姿势站立，当敌方用右直拳击打我头部时，我方以左闪躲叠手防守，随之以右掌由下向前上撩敌裆部。也可用左弹掌击敌头面部，当敌上格挡防守时，我迅速右后交叉步进身，左掌随之由上向下、向后撩敌裆部。（图 4-24、25）

图 4-25

图 4-24

动作要点：

手脚齐到，以身带手。

动作用途：

主要用于撩击敌的裆部，使敌失去抵抗能力。

第三节 肘 反 击

一、前横击肘

动作过程：

格斗姿势站立，当对方发右摆拳攻击我方头部时，我方下闪躲，右臂随右脚的蹬地、右扣膝，及左转体，而抬肘，向里横向平击，大小臂紧折叠（约45度），力达肘尖及下端。（图4-26）

动作要点：

发力于腰，蹬地、拧腰。

动作用途：

攻击对方头的侧面、胸、腹部。

二、前挑击肘

动作过程：

格斗姿势站立，当对方右摆拳攻击我方头部时，我方左臂格挡并接近对方，上体快速右转，右臂随转体抬肘（大小臂折叠约45度），向前上挑击，力达肘端，攻击其下颏。（图4-27）

图 4-26

图 4-27

动作要点：

转体、向前上方抬肘，要协调一致。

动作用途：

攻击对方的下颏。

三、后横击肘

动作过程：

格斗姿势站立，当我方被对方后抱后，我方快速转体后顶肘，攻击其头面部。两手屈臂握拳置于胸前，左臂内旋抬肘，上体左转、肘向后顶击，力达肘尖。（图4-28）

动作要点：

抬肘、转体、后挥臂，要协调一致。

动作用途：

攻击后方的对手。

四、后掀击肘

动作过程：

格斗姿势站立，当我方被对方拦臂后抱后，我方快速稳住身体重心，并将两手臂弯屈且向前伸臂，身体随之前俯，左脚上前一步，重心前移，然后突然回身，上体右转，将屈肘后顶击敌方胸部，力达肘尖。（图4-29）

图 4-28

图 4-29

动作要点：

伸臂、前俯、转体、臂后顶，要协调一致。

动作用途：

攻击后方敌的胸部和腹部。

五、侧顶肘

动作过程：

格斗姿势站立，当敌方用右摆拳攻击我方头部时，我方快速左转体上右步侧进身，用右手臂横格挡敌右手臂，随之左手扶抓我右拳，右转体，身体下沉，将右手臂曲肘向右侧方顶击敌胸部，力达肘尖。（图4-30、31）

图 4-30

图 4-31

动作要点：

转体、进身、格挡须同步进行，沉身侧顶要协调一致，整体发力。

动作用途：

近距离侧向攻击敌胸腹部。

第四节　脚　反　击

一、正弹踢

动作过程：

格斗姿势站立，当敌方用右劈拳攻击我方头部时，我方左臂上格挡防守，同时右腿微屈支撑，重心移至右腿，左腿屈膝扣紧，绷脚背，大腿带动小腿由下向上前弹击，力达脚背及脚尖。弹击敌方的裆部。（图4-32）

动作要点：

屈膝提起，大小腿紧折叠，送髋挺膝蹦脚弹出；脚背紧张，重心要稳，脆快有力。

动作用途：

二、横弹踢

动作过程：

格斗姿势站立，当对方右腿蹬踢我方时，我方左腿后撤或斜撤，左脚尖外摆（约180度），并微屈支撑重心，上体左转180度，右脚屈膝高抬前摆，扣膝、绷脚背，向左前方弹击小腿，力达脚背至小腿下端。（图4-33）

图 4-32

图 4-33

动作要点：

提膝要快速，扣膝，弹出时要展髋绷紧脚背，身体重心要稳，弹出脆快有力。一般脚高于腰。

动作用途：

攻击对方头侧部、上体、肋腹部及大腿内外侧等部位。

三、正蹬踢

动作过程：

格斗姿势站立，当敌方前冲双手抓我胸部时，我方身体重心移至前脚，左脚尖稍外展，左腿膝关节微屈，身体左转，右腿屈膝上抬，勾脚尖，以脚跟领先大腿推小腿向前蹬出；同时送髋，力达脚跟或力达前脚掌。（图4-34）

动作要点：

屈膝高抬过于腰低于胸，小腿夹紧大腿，动作连贯快速。

动作用途：

正面攻击敌方的胸、肋及腹等部位。

四、侧踹腿

动作过程：

格斗姿势站立，当敌方挥拳攻击我方时，我方右腿膝关节微屈，左腿屈膝上抬，抬至胸前，上体右转，小腿外摆，脚掌外翻。脚尖勾起，以脚掌领先，大腿推小腿向前踹击，同时送胯，右脚尖外转，力达全脚掌。上体侧倾。（图4-35）

图 4-34

图 4-35

动作要点：

利用蹬地，送胯，大腿推小腿向前发力；上体、大腿、小腿、脚掌成一平面。

动作用途：

攻击对方头、胸、腹、肋、髋、膝等部位。

五、截蹬踢

动作过程：

格斗姿势站立，当敌方前冲攻击我方时，我方迅速重心前移，左腿微屈支撑，右腿屈膝斜前提起，右小腿外旋，脚外翻，由屈到伸向前下方蹬出，力达脚跟及脚底，踢击敌膝关节处。目视对方。另外，我方也可重心后移，右腿微屈支撑，左腿由屈至伸膝，向前下方蹬出，力达脚跟及脚底，踢击敌膝关节。（图4-36）

动作要点：

提膝与脚外旋要同时，支撑腿略弯曲，攻击腿送髋蹬伸。

动作用途：

截击对方的膝关节或小腿等部位。

六、勾踢

动作过程：

格斗姿势站立，当对方挥动右摆拳攻击我方的头部时，我方下潜摇臂闪躲，且身体重心移至左腿，右腿弯屈，膝外展，脚跟内旋，脚尖内扣，以大腿带动小腿，脚由后向左前弧线擦地勾踢敌方的左脚后跟，力达脚弓内侧。（图4-37）

图 4-36

图 4-37

动作要点：

重心要稳，力点准确，不带预兆动作，脆快有力，实战中可配合右手的抓拨敌右大臂。

动作用途：

主要勾扫敌方的脚后跟，使之失去平衡。

七、后撩踢

动作过程：

自然姿势站立，当我方由后方被敌方抓住头发时，我方右手控制敌抓击的手，随即身体略下蹲，右腿支撑重心，左腿后提，向后上方撩击敌裆部，力达腿跟或脚掌。（图4-38）

动作要点：

左腿直腿撩起，腰背发力。

动作用途：

撩击对方的裆部。

八、踩跺（或称震脚）

动作过程：

自然姿势站立，当我方被对方后抱时，我方正提左膝，随身体下蹲，左脚跟底蹬击其一脚背；如果对方正面接近我方，我方可上手虚晃，用右脚蹬击其前脚背。（图 4-39）

图 4-38

图 4-39

动作要点：

用力垂直向下，上体保持开直，下蹲下蹬协调用力。

动作用途：

蹬击对方的脚背。

第五节　膝　反　击

一、正顶膝

动作过程：

格斗姿势站立，当对方右拳攻击我方头部时，我方左格挡左脚上步进身且略内扣，左腿微屈支撑，双手抓住敌肩或颈部，右腿屈膝，收髋高抬，大小腿折叠，以膝关节领先向前上方撞击敌胸部，同时双手回拉。（图 4-40、41）

图 4-40

图 4-41

动作要点：

顶撞时左转体、展腹、送髋。

动作用途：

攻击对方的胸、腹、及裆部。

二、横顶膝

动作过程：

格斗姿势站立，当对方右摆拳攻击我方头部时，我方下蹲闪躲，左腿微屈支撑起身，右腿屈膝，侧开跨提起，大小腿折叠（约45度），大腿内收，小腿外翻与大腿成一水平面，以膝关节领先向敌方的胸、腹部撞击。（图4-42、43）

图 4-42

图 4-43

动作要点：

上体略左侧倾而提膝，顶撞时左转体、展腹、送髋，力达膝尖。

动作用途：

攻击对方的胸、腹部。

第六节　摔　反　击

一、携胯摔

动作过程：

我方格斗姿势站立，当敌方右直拳攻击我方头部时，我方以右手掳抓敌右手腕，并旋拧。敌反向用力，我借敌用力方向反拧，使敌右手臂由左向右、向上翻转，同时上左步，左脚位于敌右腿侧后，头由敌右手臂下钻过，使其右手臂扛驾在双肩上，随之以左手由敌右大腿内侧穿过携抱其膝关节后部，使敌脚离地，由我左侧向上、向右携起摔击。（图 4-44、45、46、47、48、49）

图 4-44

图 4-45

图 4-46

图 4-47

图 4-48

图 4-49

如果敌身大力强，我方头可由敌右手臂下钻过，使其右手臂落在我后背肩胛骨处，左手臂贴在敌胸前，以右手的旋拿，使敌由我左腿上部向后、向右摔出。（图 4-50）

动作要点：

进身重心要低，右手带紧使敌右手臂伸直。

动作用途：

造成敌方脚跟离地，失重心而被摔出。

二、抱腿折膝

动作过程：

格斗姿势站立，当敌方上右步，用右摆拳击打我头部时，我迅速后侧闪并上左步，位于敌右腿后，同时以左手由敌右腿内侧携抱其膝后侧，左肘顶压敌右大腿根部，用右手抓住敌右踝关节，左手搂膝，右手上搬敌右小腿，使敌右小腿内上翻被拿，并向后摔出倒地。（图4-51、52、53）

图 4-50

图 4-51

图 4-52

图 4-53

动作要点：

以身带手，左搂右搬要同时，左肘紧压敌右大腿根部。

动作用途：

使敌方前脚离地无后支撑点，而向后摔出。

三、搂腿摔

动作过程：

格斗姿势站立，当敌用左直拳击打我头面部时，我迅速右侧闪，同时上左步，左手以直拳或扑掌方式击敌头面部，右手由敌左腿外侧搂其左脚后跟，并向腹下搂抱，使敌后倒。（图4-54、55、56）

图4-54

图4-55

图4-56

动作要点：

左手要下压，与右手搂抱一致，身体前倾，成左弓步。

动作用途：

使敌方前脚失控而后倒。

四、扛腿压膝

动作过程：

格斗姿势站立，当敌以右横弹腿踢击我头左侧时，我以右手格挡其右脚，左手快速由敌右腿下，向外、向上抱住敌膝关节，与此同时和右手形成扛抱，并迅速向右拧转，使敌身体左传同时左肩前顶，使敌前倒（图4-57、58）。我方在拧转的同时，向下压敌膝关节外侧，使敌膝关节疼痛难忍被拿。

动作要点：

扛抱要进身，下压要下坐收腹。

动作用途：

图 4-57

图 4-58

借敌之力使敌力量被截断而摔出。

五、抱腿压腿

动作过程：

格斗姿势站立，当对方左直拳攻击我方时，我方上左步下潜并抱住敌方的左腿，右肩抵住其左大腿部，左手抱紧膝关节，右手抱住对手左腿踝关节外侧，同时左肩向前下压，上体右转，右手向里上拉使对方摔倒。（图 4-59、60）

图 4-59

图 4-60

动作要点：

下潜快，左手要抱紧，左肩要压住对手大腿部，左肩和右手拉腿用力要协调一致。

动作用途：

主要用于防守对方的拳攻击，利用摔反击。

第五章　关节擒拿技术

第一节　对上肢关节擒拿

一、缠腕拿

技术之一：

当敌方用右手抓握我方右手腕时，我方迅速以左手抓扣敌右手背，使敌右手难以逃脱，随之上左步，右手上翻；小臂内旋，用右手切压敌手腕，同时右手扣抓其手腕裹拧，使敌被拿住。（图5-1、2、3、4）

图 5-1

图 5-2

技术之二：

当敌用左手抓握我右手腕时，我迅速以左手扣抓住敌左手背，使敌左手难以逃脱，随之右手由下向右、向上做缠绕，虎口卡住敌左手腕抓握，同时左手折敌

左手腕翻拧，右手裹压，使敌被拿住。(图 5-5、6、7)

图 5-3

图 5-4

图 5-5

图 5-6

动作要点：

缠绕要扣紧，两手要夹紧，裹压要横带肘，使腕、肘成 90°折拧与裹带合一。

二、外掰拿

当敌方右手抓握我右手腕时，我迅速以左手扣抓敌方手背（大拇指压在敌无名指与小指掌根之间，其余四指扣在敌右大拇指外侧），同时右手由下向外划圆解脱被抓右手，随之紧贴敌右手回抓敌右手，(由敌小指外侧抓握，拇指压在无名指根掌部，其余四指与左手四指同时卡在敌右手腕部。)折敌腕并向外侧旋拧，使敌倒地被擒。(图 5-8、9、10、11、12)

动作要点：

两手紧粘其手；不能分离，折腕和外旋同时。

三、托枪拿

当敌方用右手抓我右手腕部时，我方迅速上左步，以左手抓敌方右肘上托，与此同时，右手由下向右、向上划弧解脱其被抓右手，并以右手腕部紧贴敌右手掌，使敌掌尖向下、反折，右手顶压使敌脚跟离地被拿。（图5-13、14）

图 5-7

图 5-8

图 5-9

图 5-10

图 5-11

图 5-12

动作要点：
左手抓肘要快，右手紧粘敌手，上托、折腕、下压要一致。

图 5-13

图 5-14

四、里旋拿

当敌方用右手抓击我方头部时,我方与敌方对掌腕相抓握(同是右手,指尖向上抓握)我迅速向右转体,使敌右手臂被拉直,随之再左转体,左手按压其右肘,同时右手臂外旋,使敌右手臂内旋。并反折敌右手腕,使敌被拿。(图5-15、16、17)

图 5-15

图 5-16

动作要点:

旋拧压肘同时,以身带手,使敌腕和肘都成90°。

五、扣指拿

当敌方用右掌或指点击我方头面部时,我方迅速以右手抓住敌右手腕;左手抓其右掌或手指,同时双手回拉,左手前压,使敌右手腕反折,并向下扣压,造成敌手指疼痛被拿。(图5-18、19、20)

动作要点:

手要快速抓握,回带、前压、扣指合一。(提示:对方托我肘时,也可用此法。)

图 5-17

图 5-18

图 5-19

图 5-20

六、盘肘拿

当敌方用右手抓住我方左手腕时,我方迅速以右手扣抓敌手背,同时左手解脱并顶住敌的右手掌,用左肘做滚压动作,使敌肘尖向上被拿住。(图 5-21、22、23、24)

图 5-21

图 5-22

图 5-23　　　　　　　　　图 5-24

动作要点：

滚压翻肘，回带挫肘，协调连贯。

七、别肘拿

我方以左手迅速由敌方右手臂内侧穿过，同时右手由敌右手臂外侧扣住其右肘，用左小臂向前推挤敌右小臂，右手搬肘向回反带并下压，左手顺其插往敌右大臂处下压，以左大臂顶住敌右小臂，使敌肘被别拿。（图5-25、26、27）

图 5-25

图 5-26　　　　　　　　　图 5-27

动作要点：

推挤、翻带要同时，下压要右转体，身体前倾。

八、别臂拿

当敌方用右直拳击打我方头面部时，我方以左外叠手防守，并顺其右手臂缠绕，由敌右腋下穿过，向上扣压敌右肩并下插，同时右转体，右手按住敌右肘部，使敌右手臂被别拿倒地。（图5-28、29、30、31）

图5-28

图5-29

图5-30

图5-31

动作要点：

叠手要快，插肩下压要严密，以大臂压敌肩，右手起保险作用。

第二节　对头颈关节擒拿

一、抹眉拿

当敌用右手向我头面部出来时，我迅速向左侧闪再上右步，用右手掳抓敌右手臂，同时紧贴其右侧上左步，左手顺敌右手臂上滑至其面部；手按压在敌眉弓处，向下抹按，使敌颈后折被拿。（图5-32、33）

动作要点：

掳带、抹按要一致，上步要快；手脚齐到，身体紧贴敌右侧。

图 5-32

图 5-33

二、锁喉拿

当敌以右拳击我头面部时，我迅速向左侧闪再上右步，用右手掳抓敌右手臂，同时紧贴其右侧上左步，左手由敌身后向上，手臂内旋。小指外侧向上，锁住敌喉，以左掌外侧，卡住敌下颌，使敌头部向左后拧转，造成敌头颈被锁，失去抵抗。（图 5-34、35）

图 5-34

图 5-35

动作要点：

掳带、锁喉要一致，上步要快，手脚齐到，身体紧贴敌右后侧，手背朝向敌颈部。

三、搬头拿

当敌双手抄抱我右腿时，我迅速曲膝，以右脚插向敌裆部，同时左手由敌头右侧穿过，搬住敌头后的左上部。右手托敌下颌部，随之，左手回带，右手前推，使敌头部逆时针旋拧。迫使敌双手松开，头颈被拿而倒地。（图 5-36、37）

动作要点：

图 5-36

图 5-37

旋拧要快,手、脚配合。

第三节　对腰关节擒拿

一、折腰

当敌用右手掐我喉部时,我迅速后闪,以左手上托敌右肘,并向前推至敌右面部,同时右手快速由敌左侧腰部向后搂抱,使敌腰后折被拿。(图5-38、39、40)

图 5-38

图 5-39

动作要点:
后闪躲动作不易过大,左、右手合一,身体紧贴敌身体。

二、侧拧腰

当敌用右拳击打我头面部时,我迅速向右侧闪上右步,右脚落在敌左腿后侧,以右手上驾敌右手臂并向右搂抓敌右肘,向右拉带,以左手掌拍击敌右肩

侧，使敌腰侧拧被拿而倒地。（图 5-41、42、43）

图 5-40

图 5-41

图 5-42

图 5-43

动作要点：

掳抓要快，右腿紧贴其左腿并卡住。

第四节　对下肢关节擒拿

一、勾挂拿

我方接近敌方后，迅速上左步，由敌方左腿内侧穿过，用左脚勾挂住敌左脚，并扣紧，同时左手控制住敌左手臂，并迅速下蹲，用右手按住敌左脚背部，使其无法逃脱，随之左膝前顶，用小腿挤压敌左小腿内侧，使敌被拿倒地。（图 5-44、45、46）

图 5-44

动作要点：

勾挂要快，下蹲、挤压要一致。

图 5-45

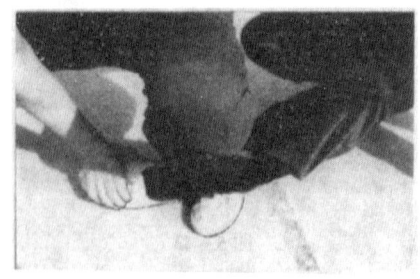

图 5-46

二、跪腿拿

当敌用右拳击我头部时，我以左手格挡挡其右手臂，同时上左步，左腿紧贴敌右小腿外侧，并快速下蹲，用右手按压住敌右脚踝关节，随之用左膝前顶跪压敌右腿后侧方（　窝周围）使敌下跪。（图 5-47、48、49）

图 5-47

图 5-48

动作要点：

上左步要扣左脚；与敌右脚远近要合适，跪压与右手压踝要同时。

三、踩踝拿

当敌方正要用左直拳攻击我方一刹那，我方迅速以左脚向前上一步，左脚内扣踩向敌方左踝关节内侧，使敌左脚内翻，踝关节被拿而倒地。（图 5-50、51、52）

动作要点：

踩踝要快、准确，双手置于胸前做防守。

图 5-49

图 5-50

图 5-51

图 5-52

第六章　困境解救技术

第一节　抓抱解脱

一、抓握解脱

(一) 单腕被抓握的解脱

技术之一：

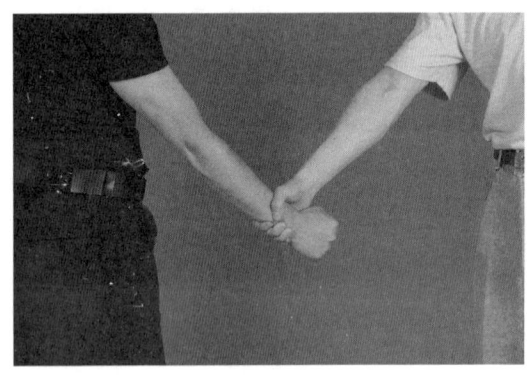

图 6-1

当敌方逆式握住我方的腕部时，我方可张开手以增加手的长度，这也增大了它的杠杆作用。手臂外侧抵在敌方食指关节的内部，向下施加压力。同时用手臂内侧顶住敌方的拇指向上撬动，多数情况下，只要通过用拇指向自己的虎口并朝该方向实行撬动，就可找到敌方握腕的最薄弱部位，以致掰开敌方腕部的抓握。（图 6-1、2、3）

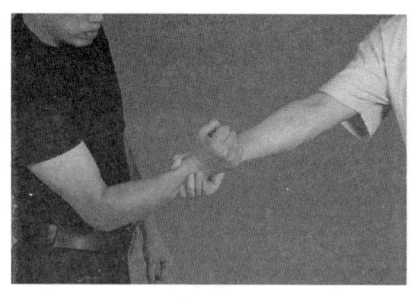

图 6-2

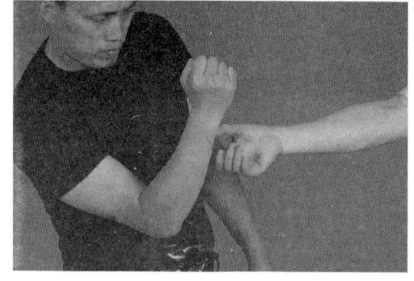

图 6-3

技术之二：

当敌方顺式抓握我方的腕部时，我方可以肘为支点，腕部抵着敌方的拇指，内下旋转被抓手臂。这样更加便于解脱，使敌方的手指用不上劲而松开。（图 6-4、5、6）

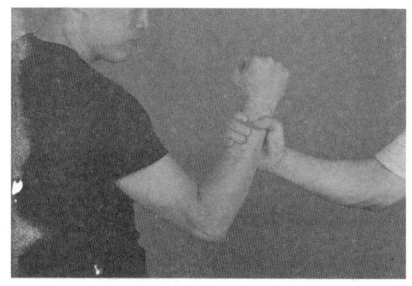

图 6-4

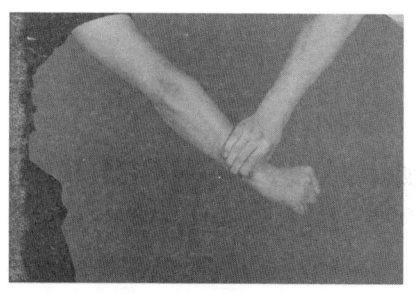

图 6-5

使用要点：

利用杠杆力，整体发力，爆发用力。

（二）双手握腕的解脱

技术之一：

当敌方双手握住我方单腕部时，我方应立即攥紧被拿手的拳头，另一只手变掌往上迅速抱住被握手的拳头，以被握手臂的肘为支点，向上拉，迫使敌方双手松脱。（图 6-7、8）

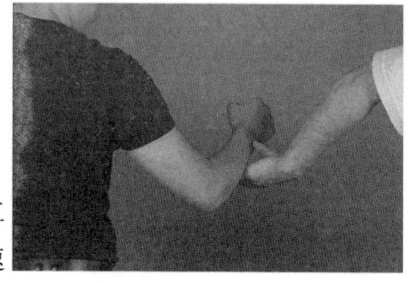

图 6-6

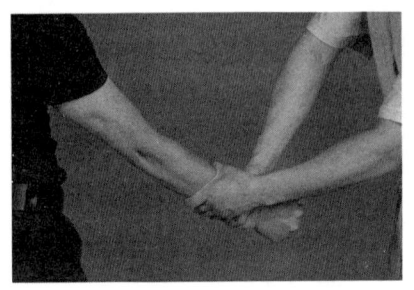 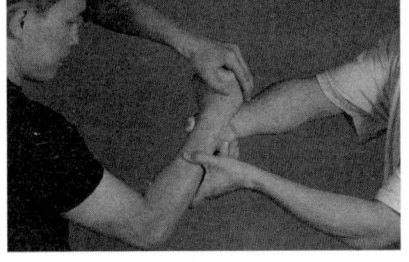

图 6-7　　　　　　　　　　　　　图 6-8

技术之二：

当敌方用双手抓握我方的双腕，这时，我方的左臂在身前向右摆动，右手张开握住敌方的右手腕。当我方的右掌刚一触及到敌方的腕部时，双手用力，将自己的左臂从敌方的抓握中拉出。然后可腾出一只手来控制敌方。（图 6-9、10、11）

图 6-9　　　　　　　　　　　　　图 6-10

图 6-11　　　　　　　　　　　　　图 6-12

另外，我方也可双手微向内旋外撑，随之双手迅速外旋，以肘为支点，屈臂回拉，向上撬动，即可解脱敌方的双手抓握。（图6-12）

使用要点：

一拉一推、一抓一搓地整体发力，动作的完成要求快速、有力、干脆。

二、抓领解脱

（一）轻度冲突中抓领的解脱

当敌方抓住我方时，其意图只是滋扰而不是行凶时，我方必须采取含而不露的控制方式，但是同时也要防止更严重的暴行接踵而来，如果敌方用一只手或两只手揪住我方的外衣，这时我方抬起左手，抓住敌方右手，将拇指放在其手背的食指关节与无名指关节之间，其余四指扣抓拇指下方进入手掌处，用拇指对手背施加压力，其余手指收缩于敌方拇指下方，随着拇指向手背腱组织施加压力的同时，其余四指撬掰敌方拇指处，两方同时用力使敌方手指松开，在左手解脱的同时，右手直拳击打对方胸骨来造成其剧烈疼痛，以便更好地配合左手完成解脱。（图6-13、14）

图 6-13

图 6-14

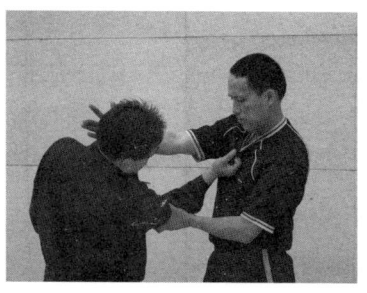

图 6-15

使用要点：

抓握准确，两手配合及时，用力适度。

（二）严重冲突中抓领的解脱

当敌方粗鲁地用双手抓住我方的衣服时，我方必须迅速准确地作出反应，首先稳定住自己的重心，可向右腿后撤步或向侧面跨步，增大自己的支撑面，然后左臂快速右上推托住敌方的右肘，同时右手改向敌右下方推按敌头部左侧，迫使其头部和右肘相反转向。随后就可将敌方拧倒在地，制服敌方。（图6-15、16、17）

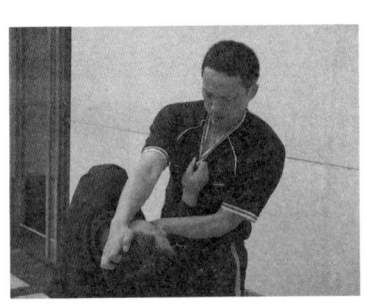

图 6-16

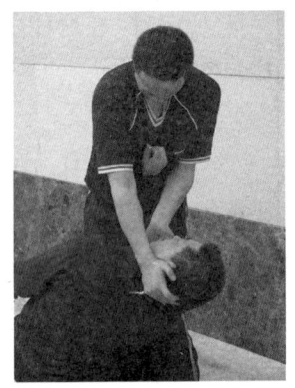

图 6-17

使用要点：

两手协调配合，快速持久用力，身体随两手的动作而向左侧后旋转。

三、勒颈解脱

（一）后勒颈的解脱

当敌方由后勒我颈部时，我方右手用力下拉敌右肘，同时右转头，左手随之上举用拳向后击打敌方的眼睛；或用肘攻击敌方的肋骨，如果必要的话可连续攻击，直至其松开盘在脖颈上的手臂。另外，可利用跺踩敌方的脚背的方法来解脱。但注意抬脚不能过早，否则会使敌方有所觉察而破坏自己的身体平衡。（图6-18、19、20）

图 6-18

使用要点：

稳住身体重心，快速、连续、爆发用力。

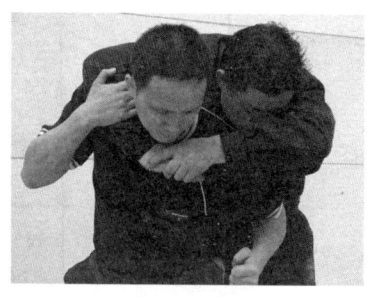

图 6-19

图 6-20

(二) 侧勒颈的解脱

当敌方从侧面用左臂勒颈时，我方可立即用右手打击敌方的裆部，要求整个胳膊向上猛推后，立即抓住敌方的头发，向后猛拽，或用右手掌朝后下方打压敌方的鼻软骨，使敌方的全身随着头部向后移动，从而失去平衡，紧接着将另一手抓住夹勒的手臂前推，同时将头部回抽解脱。也可将左手外旋向上挑托敌方的大腿，将其举起摔倒在地。（图 6-21、22、23、24）

图 6-21

图 6-22

使用要点：

稳住身体重心，控制勒夹手臂，快速后插、准确连续攻击。

图 6-23　　　　　　　　　图 6-24

四、扼喉解脱

（一）前臂压扼解脱

当敌方用右前臂压扼住我方的咽喉并挥左手臂准备击打时，我方右手先格挡住敌方的左手臂，然后迅速抓拉敌头发，左手变掌猛插敌咽喉。两手同时施力，使敌方向侧后倒。（图6-25、26、27）

图 6-25

图 6-26　　　　　　　　　图 6-27

使用要点：

格挡及时，抓发戳喉配合协调，身体拧转以配合两手上戳下拉动作的完成。

（二）单手扼喉的解脱

当敌方左手掐扼我方咽喉时，右手进行挥击时，我方左手臂先格挡住挥击的手臂，右手随之抓住敌左手，拇指放在其手背的食指关节与无名指关节之间，其余手指收缩于敌方拇指的下方，在拇指向敌方手背施加压力的同时，其余四指撬开敌方拇指。（图6-28、29、30）

图6-28

图6-29

图6-30

使用要点：

格挡及时，抓握扣撬有力准确，身体拧转配合两手的外掰拿动作。

（三）双手扼喉的解脱

当敌方双手扼住我方的颈部时，我方首先在胸前高举双臂，然后用肘朝敌方的前臂猛力下戳，迫使敌方放松掐扼，双臂下移，右手抓紧敌方的左手，用解脱单手扼喉的方法，外掰卷压敌方左手。同时，左手从敌方的右腋下穿过并绕到敌方的臂后按压敌右肩，对其肩部实施擒拿控制。两手协调配合，解脱敌方的扼喉。（图6-31、32、33、34）

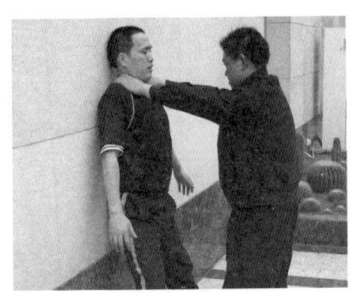

图 6-31

图 6-32

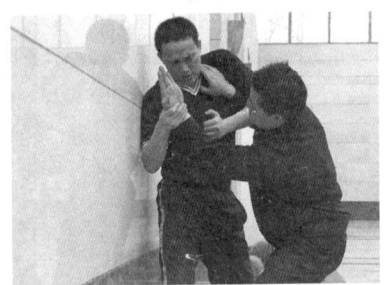

图 6-33

图 6-34

使用要点：

砸臂突然有力，一手扣撬外掰，一手穿臂拿肩，须转体调协配合。

五、抱腰解脱

（一）拦臂抱腰解脱

当敌方从背后抱住我方的上体和上臂时，我方双臂尽力前伸，同时左腿前跨一步，然后右手向后击打敌方的裆部，左手抓住敌方的一只手臂，顺势身体下跪，用右手抓握敌方的右腿，向左前方向倾并送右肩，同时左手向下拉，使敌方滚动倒地。（图6-35、36）

使用要点：

被抱的同时身体下蹲稳住重心，随后前移后击；甩头、转体、下跪须协调配合。

图 6-35

图 6-36

（二）腋下抱腰的解脱

当敌方在我方身后从我腋下抱住时，我方用右手抓住敌方左腕，用力向下扣撬外掰，随后我方向右转体，迫使敌方被抓手臂放在自己的左臂下，我方用左臂抵在敌方外展的胳膊上，并向下用力迫使其失去平衡。（图 6-37、38、39、40）

图 6-37

图 6-38

使用要点：

扣撬外掰及甩头、转体须协调、快速。

图 6-39

图 6-40

（三）正面抱腰的解脱

当敌方抱住我方的腰部时，我方迅速用脚尖朝敌将要倒下的方向小步滑动，以维持平衡，同时一手抓发下拉，一手托推下颏，双手挫击敌方的颈部，然后我方向一侧转体且扭动敌方的身体，将其摔倒。（图 6-41、42）

图 6-41

图 6-42

使用要点：

拉推、甩头、转体、须协调有力。

六、抱腿解脱

（一）抱单腿的解脱

当敌方抱住我方的一条腿时，我方将体重压在被抱的腿上，另一腿先向后或

侧方向移动，然后突然屈膝上抬以膝攻击敌方的面部。（图6-43、44）

图 6-43

图 6-44

使用要点：

身体快速稳住重心，提膝撞击准确有力。

（二）抱双腿的解脱

当敌方下蹲欲抱腿时，我方双腿后蹬降低身体重心，上体前趴，重量均压敌方的颈肩部，随后一手抓住敌方的头发，另一手抓住其下颌而上扒，同时把敌方的面部直接压向地面，或扭向侧面（图6-45、46）。如果我方已被抱住双腿后，可迅速屈膝向后倒地，利用敌方前冲的惯性抓住敌方而向后滚动，随后马上恢复站立姿势，擒制住敌方。（图6-47、48、49、50）

图 6-45

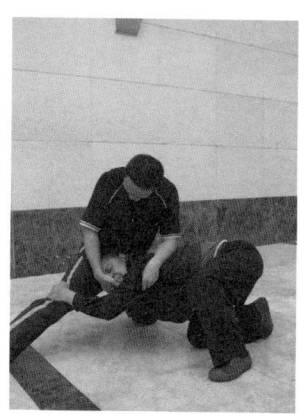

图 6-46

图 6-47

图 6-48

图 6-49

图 6-50

使用要点：

快速伸腿前趴稳住重心，下拉、上扒及下压须协调配合，整体用力，一气呵成。

第二节　制服凶器

凶器一般是指金属器械。它包括锐、钝等器具。常用锐利凶器主要有：匕首、菜刀、砍刀、斧头、镰刀等，而匕首、菜刀又是具有代表性的金属器具。钝器具主要有：棍、棒以及一些金属制品等。

徒手制服持凶器的敌方是与敌格斗中一种技术性非常强的动作技巧，是格斗技术的综合体现。在实战中，要求沉着冷静、大胆、果断、防守严谨，动作的使用必须快速、准确，且狙击要害。也就是说防卫者不仅要有敏锐的反应能力，勇敢的精神，同时还要有娴熟的技巧，轻便灵活的步法和身法。

徒手夺凶器是在综合了踢、打、摔、拿等各种技术、技巧的基础上，根据敌方持握凶器的方法、攻击方向及其身体的姿势，而实施的一项应急防卫技术。在防卫中重要的是要把握好实战的距离和时机，借力使力，不可争力。借助客观条件充分发挥踢、打、摔、拿等各种技术，攻防结合，攻击其要害，巧妙地与敌周旋，掌握最佳时机夺取凶器，制服敌方。

一、对付匕首的攻击

匕首分为正握法和反握法两种，见图（6-51、52）。匕首的攻击一般有四种方式。

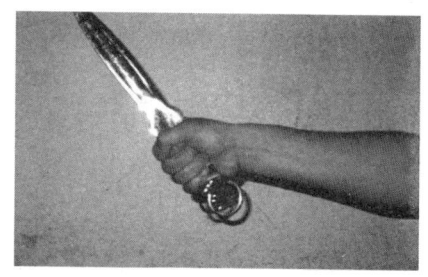

图 6-51

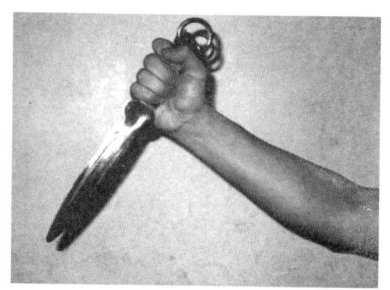

图 6-52

第一，直刺。右手正握匕首，由腰间向前刺敌方腹部，见图（6-53）。

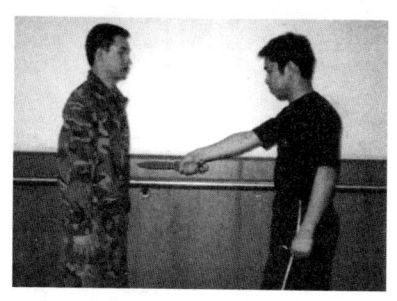

图 6-53

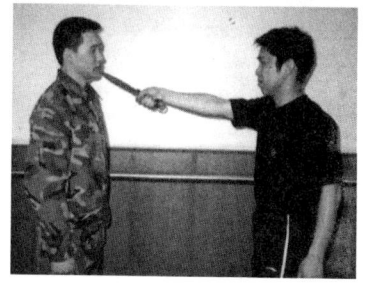

图 6-54

第二，横划割。右手正握匕首，手心向上由右上方向前、左下直臂划割敌方左侧颈部，见图（6-54）。另外，划割也可右手正握匕首，手心向下由左上方向前、右下直臂划割敌方右侧颈部，见图（6-55）。

图 6-55

图 6-56

第三，上刺：右手反握匕首，由肩上方向前下刺敌方头部或胸部，见图（6-56）。

第四，侧平刺。右手反握匕首，手心向上，由右向左侧刺敌方颈部或肋部，见图（6-57）。

图 6-57

图 6-58

另外，也可右手反握匕首，手心向下，由左向右侧刺敌方颈部或肋部，做反平刺，见图（6-58）。

技术之一：外掰折腕

当敌方右手正握匕首向我方腹部直刺时，我方迅速向左侧闪；同时用左手快速托抓住敌方右肘，随之我方再以右手由敌方持刀手下方

图 6-59

向上拍抓其手腕；同时左手顺敌方小臂向上扣抓其拇指外侧，两手同时用力向左外折拧；随之右脚上一步别住敌方右腿外侧，使敌方倒地被擒，见图（6-59、60、61）。

图 6-60

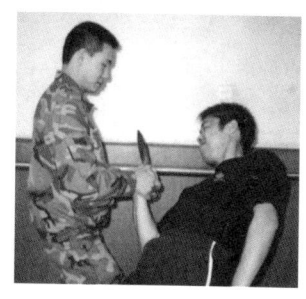

图 6-61

使用要点：

侧闪要快，抓肘准确，拍抓有力，外掰折腕与上步别腿一致。

技术之二：滚压别肘

当敌方右手正握匕首向我方左侧颈部划割时，我方迅速向后闪躲；同时带动左手向上托带敌方右肘；随之身体前压，左脚向前上一步，位于敌方右脚外侧，左手推压住其右肘，然后再以右手拍抓敌方持刀的右手背反拧并上托；以左手下扣别住敌方右肘，将其制服，见图（6-62、63、64、65）。

图 6-62

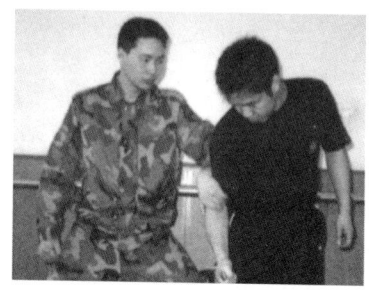

图 6-63

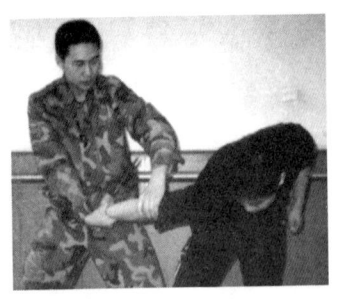
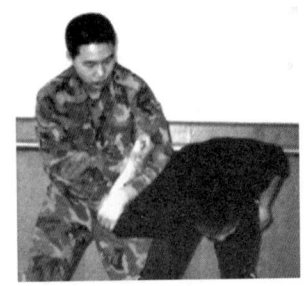

图 6-64　　　　　　　　　　　图 6-65

使用要点：

后闪要快，以闪带手，前压及时，滚压有力。

技术之三：切颈别肩

当敌方右手正握匕首向我方右侧颈部划割时，我方迅速向后闪躲；同时带动左手由上向下按压敌方右小臂向下、向左外侧做向上缠绕动作；随之身体前压，重心落于左脚，左手托抓住敌方右肘，以右掌猛击其右侧颈部（或按压拍击其后脑部），造成敌方右肩被拿，于此同时，我方用右顶膝攻击敌方，迫使敌方前倒被擒，见图（6-66、67、68、69、70）。

图 6-66

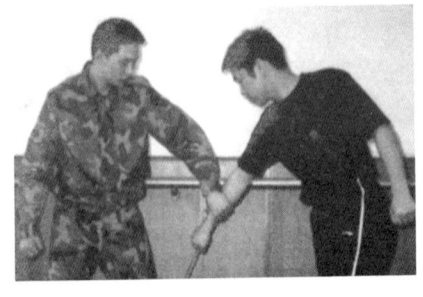

图 6-67　　　　　　　　　　　图 6-68

图 6-69

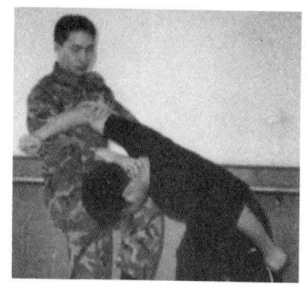

图 6-70

使用要点：

后闪快速，左缠右切，协调一致，下压切颈、按头要快猛。

技术之四：挡臂别肘（拉臂别肘）

当敌方右手反握匕首向我方头部上刺时，我方在敌方上举匕首的一刹那，快速进身，以左手臂上架其右手臂；并用左手扣住敌方右肘窝；左肘顶住其小臂，同时，右手由敌方右手臂下穿过向上扣住其肘，并向下搬其肘外侧；随之向上托，左手臂挤压其小臂（或左手抓其小臂而下拉），使其右肘弯曲，与此同时，上右步别住敌方腿外侧，将其摔倒，见图（6-71、72、73、74）

图 6-71

图 6-72

 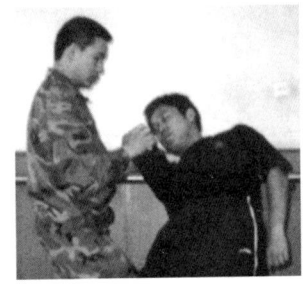

图 6-73　　　　　　　　　　图 6-74

使用要点：

快速进身，挡扣准确，挤别要狠，上托肘与下拉腕、别腿动作一致。

技术之五：推肘折腰

当敌方右手反握匕首正向我方左侧颈部平刺时，我方迅速向后闪躲，将左手带动起向上托敌方右肘，并向右前推，使敌方持刀的右手臂紧贴其前胸，同时左脚向前迈一步，右手顺敌方左侧腰部绕过搂住其后腰，左手与右手形成合力，迫使敌方腰向后折，失去反抗能力。这时我可利用各种摔法将其制服，见图（6-75、76、77）。

图 6-75

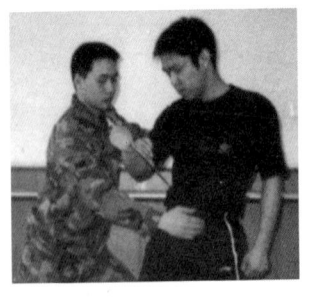 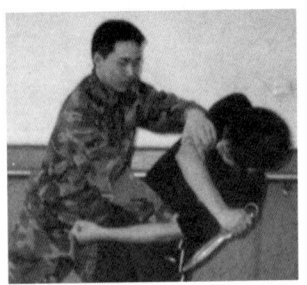

图 6-76　　　　　　　　　　图 6-77

使用要点：

后闪以身带手，左右手配合连贯协调一致，推、折腕要猛、狠、准。注意自我防卫。

技术之六：叠手别肘

当敌方右手反握匕首反向我右侧颈部平刺时，我迅速向后闪躲，以左手由上向下按压敌方持刀的右前臂，向下叠压，同时身体前压含胸，躲过刀锋，右手快速由敌方右臂上外侧绕过扣抓其肘窝；向上提拉，左手挤住敌方右小臂由下绕过；向上缠绕置敌方右大臂之上，用左小臂顶住敌方右小臂，使敌方右肘被拿，然后将其刀夺下，见图（6-78、79、80、81）。

图 6-78

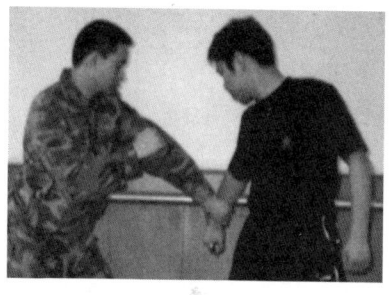

图 6-79

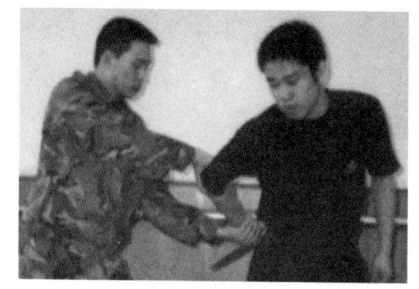

图 6-80

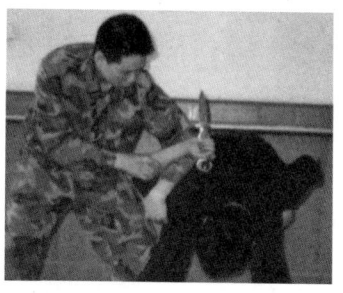

图 6-81

使用要点：

快速闪躲，叠压进身及时缠绕别肘要连贯。

技术之七：侧踹扣（挂）肘

当敌方右手正握匕首向我乱刺、乱划割时，我迅速后闪，以右侧踹腿攻击敌方小腹或膝关节，并快速进身以左右双手分别挂（扪）住敌方的右肘和左肘（或左肩），利用撑绊摔将其摔倒制服，见图（6-82、83）。

图 6-82

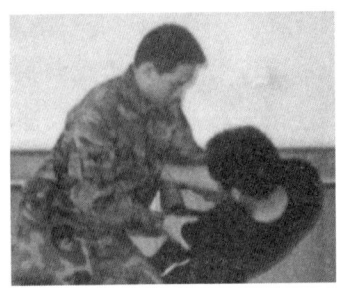

图 6-83

使用要点：

侧踹要狠，进身要快，挂肘要准，注意防守。

技术之八：勾挂截蹬

当敌方右手持握匕首，欲准备攻击或谨慎接近时，我应迅速侧身倒地，使身体靠近双脚向右转体。以左脚背勾住敌方前脚踝关节处，并以右脚截蹬其膝盖处。这种勾挂截蹬的动作可使敌方后倒，一旦其倒地，我立即以右脚猛踢其裆部或腰部，见图（6-84、85、86）。

图 6-84

图 6-85

图 6-86

使用要点：

侧身倒地与勾挂截蹬要协调一致，快速准确，踢裆要猛，准，狠，确保无误。

二、对付菜刀的攻击

菜刀是一面刃，它的攻击方法主要是弧线的抡劈，因此在对付菜刀攻击时，要抓住它幅度大，惯性也相对大的特点，进行反击夺取。

技术之一：裹臂折腕

当敌方右手持握菜刀向我头部砍来时，我迅速向左侧闪，同时以左手顺敌方下砍方向搂抓其手臂，随后右脚快速向身后背步后撤；同时用左肘裹压敌方右手臂，再以右手推折其右手背，迫使敌方持刀手松开，将其菜刀夺下，见图（6-87、88、89、90）。

图 6-87

图 6-88

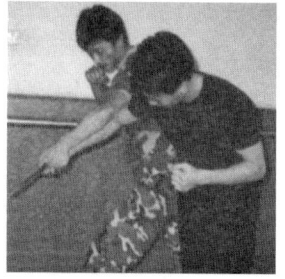

图 6-89

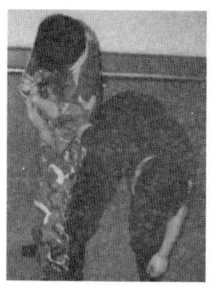

图 6-90

使用要点：

侧闪要快，掳抓准确，背步裹压协调一致，推折有力。

技术之二：掳抓砍脖

当敌方右手持握菜刀向我头部猛砍时，我迅速以左手上架敌方右小臂，顺敌方用力方向做掳抓动作；同时左脚后撤，以右掌由上向下斜砍其左颈部。在惯性力的作用下，使敌方倒地，然后根据敌方实际倒地姿势，采取适当的控制技术，使其被擒，见图（6-91、92、93）。

图 6-91

图 6-92

图 6-93

使用要点：

借力使力，动作连贯，掳抓不要停顿，以身带步。

三、对付长棍的攻击

在与持棍的歹徒搏斗时，要注意盯住敌方手中的凶器，始终处于守势，当敌方发起进攻后绝不可转身防守，要利用躲闪避让，快速前冲接近的方法，使其攻击落空重击其要害。如果时机合适，也可一鼓作气地扑上去，靠近敌方，抓住棍棒将其摔倒，使其不能发挥出棍棒的作用和长度优势，但所采用的方法要准确可靠。

技术之一：防棍抢劈（挑棍横扫）

当敌方双手持长棍猛向我方头部抡劈时，我方迅速向左侧闪躲，同时以右小臂上架来棍并顺势下掳抓棍，左手顺势抓住敌方右手背上托，使敌方手腕被拿，在敌方右手松开一刹那，我双手持棍逆时针方向上右步位于敌方右脚外侧，用棍尖横扫敌方头部，将其击倒，见图（6-94、95、96、97）。

图 6-94

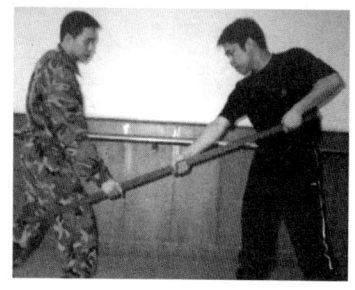

图 6-95

图 6-96

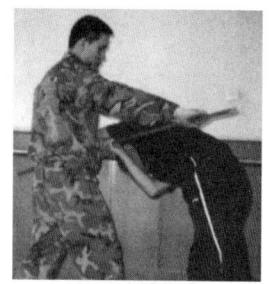

图 6-97

使用要点：闪躲及时，抓棍准确，进步要快，横扫要猛。

技术之二：防棍捅刺（搅棍撑绊，即别压）

当敌方双手持棍向我腹部捅刺时，我迅速向左侧闪，以左手臂格挡敌方来棍；同时左手继续向上搅并抓住其棍，随之上右步，右手抓住棍把，迫使敌方持棍手松开，见图（6-98、99、100、101、102、103）。

98 ◀▷ 保安防卫技能

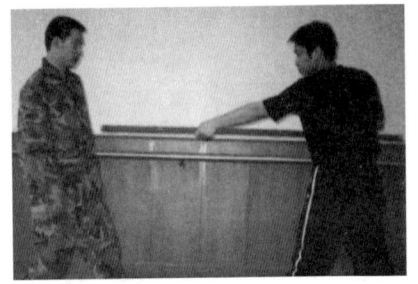

图 6-98

图 6-99

图 6-100

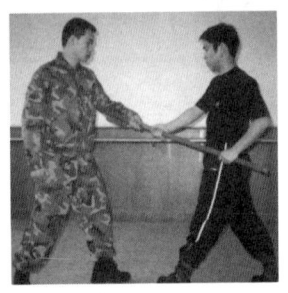

图 6-101

图 6-102

图 6-103

使用要点：闪躲要及时，搅棍连贯，撑绊（别压）要狠，以身别其棍。

技术之三：防棍横扫（搂抓切颈）

当敌方双手持棍向我横扫时，我迅速向前跨一步进身用左手搂抓来棍，同时左转体，用右脚勾踢敌方左脚；以右手掌由左向右切击其颈部，见图（6-104）。

使用要点：进身要快，勾踢、切颈同时借助进身前冲的力量。

技术之四：防棍戳击（转身砍颈）

当敌方双手持棍向前戳击我方喉部时，我方右脚向前上步闪身，以右手抓棍阻拦再次攻击；左脚经右腿后向右后插步，同时身体左转，左掌以掌外沿为力点挥臂横砍敌方颈后侧，见图（6-105、106、107）。

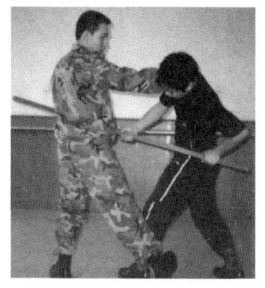

图 6-104

图 6-105

图 6-106

图 6-107

使用要点：闪身抓棍要快而准，转身砍颈要突然。

第三节　对付众敌

保安人员在执行警务中，除了一对一格斗情况外，还经常会遇上众多敌手的情况。这就需要有稳定的心理状态，随机应变，并掌握相应的制敌技巧。

面对众敌，首先是提防从后面遭受攻击，其应对战术是背水一战。它要求尽可能地背靠墙站立，然后对付第一个攻击过来的敌手。只要巧妙地制服第一个攻击者，其他几个很有可能就不敢动手了。靠墙而站时，应注意和墙壁保持一定间隙，这样既有利于自己膝和肘的自由弯曲，又能防止任何敌手绕到自己背后。此时身体应稍微下蹲，采取侧身的姿势，因为这样敌方击打过来容易闪避。

在一对数敌时，要不断地移动，决不在一个地方停下来，打中一个或打倒一个就要使其丧失战斗力。只要敌方占有人数上的优势，就必须实行快速有效的攻击，使其在短时间内丧失战斗力。

在一对众敌时，绝对避免和敌方扭打。因为这样会无法再对付其他人。采取移动战术，运动速度越快，背后的危险就越小。我方应经常突然回头看一看背后，以免前后受敌。

另外，在移动中攻击敌方的一个有效手段是首先攻击敌方的眼睛，可以用口水、砂、碎石子等来攻击。不管用什么，只要敌手的眼睛受到伤害，其战斗力便会立即下降。我方可以利用这个时间来实施许多其他有效的攻击手段。

面对众敌攻击时，我方要通过神态意识，语言和动作等来分析判断敌方的动机，心理和所要达到的目的，准确的判断形势的严重程度和事态的发展变化；当观察出敌方有杀伤动机时，要毫不迟疑地果断行动，或已看出敌方有行凶举动而随着时间的延续又不急于下手时，应做出正确的判断，及时采取相应的对策。

一、一对二制敌

技术之一：对付正面敌手

当正面遇上两敌手时，我方不可迎面与之较量，可将身体向任意一侧移动，以避免敌手的前冲击，同时又能创造一对一的时空，用一名敌手作掩护抵挡另一名敌手的攻击。当左前侧敌手上前时，我方应突然快速出右拳迎面攻击其正面部。紧接着向左侧移动身体，右手抓拉左侧敌手的头发，使之处于我方与另一敌手之间，然后，在另一名敌手冲上来时，我方用右腿踢击其裆部，见图（6-108、109、110、111、112）。

图 6-108

第六章　困境解救技术　101

图 6-109

图 6-110

图 6-111

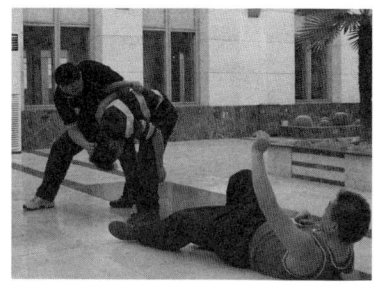

图 6-112

使用要点：

向左侧移动要隐蔽，抓头发和踢裆腹要狠。

技术之二：对付左右敌手

当两侧受敌逼近，而我方又背靠墙时，看准对手，突然在用左手挡住左侧敌攻击的同时，发右侧踹，踢击右侧敌手的裆部。在右侧敌手后倒的同时，发右连拳攻击左侧敌方的下颌，然后再发右脚踢击其裆部，见图（6-113、114、115）。

图 6-113

图 6-114　　　　　　　　　图 6-115

使用要点：

防守要严密，起腿无任何预兆。

技术之三：对付前后敌手

当敌方两人前后夹击时，我以右正蹬腿踢击前方来者，同时又以右回身拳攻击后方来者；当前方来者后退之时，我迅速向后右转身，由后方来者右侧快速转到其身后，利用锁喉、锁身等各种擒摔技术控制后方来者。以起到制止前方来者的攻击，见图（6-116、117、118、119、120、121、122）。

图 6-116

图 6-117　　　　　　　　　图 6-118

图 6-119

图 6-120

图 6-121

图 6-122

使用要点：

声东击西，步法灵活，反应快速，机智果断。

技术之四：当两侧受敌逼近，而双臂又被抓住时，我方先用右脚踢击右侧敌手的胸腹部，然后回身收右腿，反踢击左侧之敌手的裆腹部，然后，乘机解脱双臂，见图（6-123、124、125、126）

图 6-123

图 6-124

图 6-125

图 6-126

使用要点：

踢击要准，在踢击前和踢击中要维持好平衡。

技术之五：我方前后受敌，一方从背后抱住我，另一方在我正前方准备挥拳重击我头面部，我方稳定重心，在前方敌手接近时，突然，起腿弹踢其裆腹部，使其丧失战斗力。然后，快速抓住后方敌手的手臂，一扭一摔将其摔倒，并在其倒地后用拳再击其头面部，使其不能动弹，见图（6－127、128、129、130、131）。

图 6-127

图 6-128

图 6-129

图 6-130

图 6-131

使用要点：

踢击时要稳住重心，摔击后连续拳击要快，整个动作必须干净利落，快速凶狠，不留余地。

二、一对三制敌法

技术之一：被抱后的反击

当我方被敌手从背后抱住，而前方又受两名敌手的逼近时，我方应快速用肘击打后抱敌方的肋部，首先使其丧失战斗力。然后再面对前方左右两名敌手的攻击。当左侧前方敌手距离我近时，先用掌劈击其喉部，然后用拳和膝攻击之，这时右侧的敌手冲上来，我方乘机用右脚踢击其裆腹部，见图（6-132、133、134、135、136、137、138）。

图 6-132

图 6-133

图 6-134

图 6-135

图 6-136

图 6-137

图 6-138

使用要点：

制服背后敌手要快速，左右反击要连贯而凶狠。

技术之二：手臂被抓后的反击

当我方被两敌手从后面抓住双手并按住双肩，而且正面有一敌手扑上来时，我方先用右脚猛踢正面敌手的裆腹部，然后回收右腿，脚一点地就回身侧踹右后侧的敌手，迫使敌松开我右手，最后趁落地右脚站稳时，迅速用右肘狠击左后侧敌手的头面部，见图（6-139、140、141、142、143、144）。

第六章　困境解救技术　　107

图 6-139

图 6-140

图 6-141

图 6-142

图 6-143

图 6-144

使用要点：

踢击要狠，整个动作始终要稳定住重心。

三、二对多制敌

当我和同伴面对多人时。首先，在与敌方格斗中要尽量避免阵地战，可采取机动灵活的运动战。在格斗中和同伴要密切合作，相互照应，所在位置要能看到自己的同伴，见机行事。不要与同伴相隔太远，这样也可寻找机会帮助同伴来对付众敌。把被动留给敌方，造成敌方难于施展围攻。

第七章 制暴擒拿技术

第一节 制暴解围

制暴解围是保安人员在公民人身安全受到伤害及伤害威胁的情况下,通过快速有效的身体动作制止侵害攻击而保护受害者的一项徒手技术。常见的的暴力伤害主要有:因纠纷激化而殴打他人或行凶杀人、精神病人对他人实施伤害、流氓打架斗殴以及歹徒行凶等一些情景。对暴行的制止应把握以下几个要求:

第一,注意观察

观察是有目的地、主动地运用眼睛感知客观现实的一种方式。发现有暴力侵害的事件发生或有发生的趋势,应从众多的背景中及时准确区别事件的性质及暴力的程度,以便于决定应采取何种相应制止技术。其次要有一定的"观察圈",对目标的前后、左右、上下等各方位均应纳入自己的观察范围之内,尽可能地做到疏而不漏,以确定事态的发生范围和可能影响的广度,便于决定接近的方位和路线以及是否需要求助增援。

第二,掌握技术的使用方式、方法

在制止暴力侵害时,如不注意方式、方法极易造成对保安人员自身的伤害。同时在制止暴力侵害时要十分注意的一点是,保护被侵害者的安全时,被侵害者趁保安人员控制侵害者的机会对侵害者实施报复攻击。

第三,及时驱散围观群众

一般在公共场所发生打架斗殴的情况，过路群众都会围观。这种情况一来给保安人员制止暴力带来不便，容易伤害到围观群众；二来影响正常的社会生活和交通秩序；再者围观群众成分复杂，极有可能藏有闹事者的同伙，趁保安人员制止暴力时对他实施伤害。但在驱散围观群众时一定要注意语言和方式，让群众理解和支持保安人员的工作，防止事态的进一步恶化。

第四，处置方式的把握

接近处置通常有三种方式：

第一，言语训喝方式。如果是一般的纠纷冲突，暴力程度也不大，可用言语喝令制止。

第二，突袭控制方式。情况紧急，暴力正在实施，保安人员应立即从敌方未加防备的后一侧靠近，快接近时一方面要控制其攻击的手臂的合适部位，同时，另一方面要攻击其要害部位，使其在最短的时间内停止攻击。具体的处置方法及技术，应根据现场的情况而区别加以对待。

第三，宏观控制。在处理众人的暴力性事件而现场保安人员人数又不足的情况下，保安人员不宜直接进入现场对个别人进行控制，这样会使保安人员受到闹事双方的袭击。此时保安人员可以分散在外围，采用大声叱呵的方法控制事态、平息殴斗，等待支援。

一、对冲突的制止

技术之一：如果是两个男子激烈争斗，其情形有向恶性方向发展，同时又得不到别人的规劝时，可上前用两手分别抓住每个斗殴者后脑勺的头发，用尽全力向后向下拉，使他们向后倾斜，引起平衡失调而分开。见图（7-1、2）。

图 7-1　　　　　　　　　　　　图 7-2

如果是两名女子，及时有效的劝阻方法是这样：使自己处于她们两人的视线之内向前靠近，然后突然抓住她们的胳膊，把中指固定在其二头肌内侧，并向里施加压力，使其手臂疼痛及产生半麻状态，但又不会引起永久性的伤残。见图（7-3、4、5）。

图 7-3

图 7-4

图 7-5

使用要点：

抓握准确，用力适度。

技术之二：当遇到犯罪嫌疑人抢夺别人钱财时，保安人员可从敌方未加防备的后一侧靠近，快接近时，抓住敌方的一只手，将拇指压在敌方食指和无名指之间的手背部，其余四指握住敌方拇指根部，随后将身体配合旋转和弯曲手臂，迫使敌方的手松开。在实际运用此技术时，另一只手要配合上，以加强对敌方手臂的控制，双手同时用力，能迫使敌方身体更加倾斜而倒地。

使用要点：

在实际使用时，不要从敌方前方靠近，因为敌方也许会全力转向攻击保安人员，这样就达不到攻其不备的效果。

技术之三：如遇上有人实施对他人的攻击时，我方可从攻击者的背后靠近，将手臂绕在其脖子部位，同时腰部的手向前推，使攻击者后仰站立不稳，失去平衡。如果攻击者还继续挣扎，可将其拉倒在地。在实际使用该技术制止时，应从敌方未加防范的一侧靠近，将一手从敌方的腋下穿过，手掌迅速按压敌方的颈部，同时抬臂压腕下按压敌颈后部，另一手配合用力使敌方的身体失去平衡，从而将其控制住不能动弹。

使用要点：

在实际制止中，不应擒拿敌方的腕部，因为腕部动作不能产生快速的效果，它可能会使我方遭到敌方的袭击。

二、对徒手施暴的制止

技术之一：当遇到歹徒凶狠地伤害他人时，我方可采用断颈的技术来制服敌方从而保护受害者。实施此技术时，同样应从敌方未加防备的一侧靠近，然后快速用一只手紧抓敌方头后部的头发（敌方是秃头可抓耳朵），另一只手抓住其下颏，两手用力向后扭转其头部。此技术可解除任何一种抓握情况，并能完全控制住敌方，见图（7-6、7）。

图 7-6

图 7-7

使用要点：

在暴力冲突的场合使用一些抓握技术往往无法控制敌方，而且又会威胁到自身的安全，因此必须使用一些快速见效的技术动作。

技术之二：如果对手使用"肩下握颈拿"的方法去伤害他人，我方可从其身后靠近，用两拳击打其太阳穴，然后双手下滑至敌方上臂下部，将其双臂向后并扭住其双手，见图（7-8、9）。

图 7-8

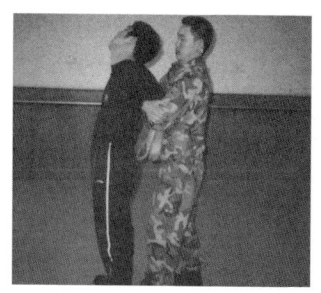
图 7-9

使用要点：

击打准确，用力适度。

技术之三：当发现敌方采用"侧锁喉"伤害他人，那么我方可用一只手握住敌方的手腕，另一只手推扭其头的侧部（并可用拇指或食指按压其侧部神经穴位）。在敌方松开手时，立即将其胳膊上拉，并用自己的胸顶压其肘关节，见图（7-10、11）。如果敌方已将受害者按倒在地时，我方可从其身后靠近，一手抓住敌方一只手腕，另一只手抓住其头发，向后猛上提，接着向右猛拽，使其全身向前扑倒，将敌方控制住。

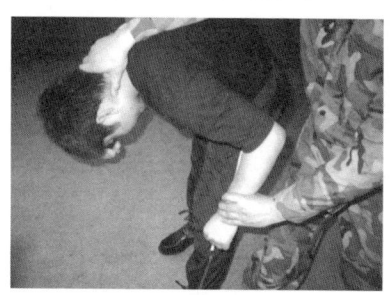
图 7-10

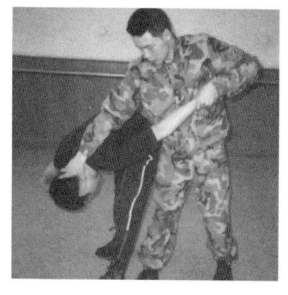
图 7-11

使用要点：

两手用力干脆、相错，如果一时不能快速制止敌方，我方也可使用一定的击打技术动作，然后再使用抓拿控制技术。

三、对持凶器施暴的制止

技术之一：当发现歹徒手持刀具，欲挥向受害者时，首先应考虑到控制住凶器是第一步，然后擒住敌方。我方迅速抓住敌方持凶器的手，连同凶器抓握在我方的手中，并朝敌方右下方猛推，另一只手推托敌方的肘部，迫使敌方失去平衡，将其摔倒在地，见图（7-12、13、14）。

图 7-12

图 7-13

图 7-14

使用要点：

接近突然，抓握准确，推拉协调有力。

技术之二：当歹徒手持匕首用刀尖直抵受害者的咽喉或身体其他重要部位时，我方可从敌方身后或身侧隐蔽靠近，然后用一只手抓拉敌方手腕，另一手推到敌方下颏，两手同时用力，控制住敌方手、头而使之动弹不得，见图（7-15、16、17）。

图 7-15

图 7-16

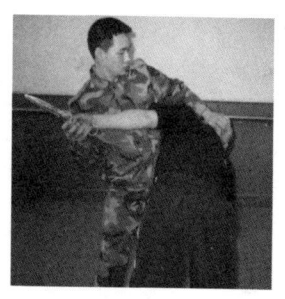
图 7-17

使用要点：

接近时必须做到隐蔽，因为任何迅速的移动都有可能使敌方惊惶失措而刺伤人。

第二节 快速擒制

快速擒制是指保安人员接近敌方之后，采用徒手格斗技术，以突然袭击的方式，在瞬间将敌方控制抓获。擒制敌方的关键是出击的突然性和技术使用的连惯性。在实战中，保安人员必须把握时机，充分利用一切条件，选择最具威力和实效性的方法，在敌方没有丝毫觉察（或来不及作出反应）的情况下突然袭击将其制服。

一、一对一擒制

技术之一：

保安人员由前靠近敌方，左脚向前迈出，伸出左手从敌方右前臂部位与其身体之间的位置上插入，与此同时，保安人员右手虎口朝下，手臂稍内旋，从外侧抓住敌方右肘关节，随即，保安人员左手曲肘向上挑起敌方的右前臂，而右手则抓住敌方的右肘关节猛地向回拉动，紧紧抵贴在胸部，然后，身体立刻向右旋体，同时两臂屈肘按紧敌方右肘，左手顺势扣抓在敌方右上臂处，使其右臂反臂背别。保安人员随即垂直用力下压敌方右肘关节，将敌方别肘压倒在地。别肘之后，保安人员立即移动双脚到敌方头部上方，并用身体顶压住敌方头部，右手及时抓住敌方右手并折其手腕使敌方右臂完全被折腕别在背面。见图（7-18、19、

20、21)。

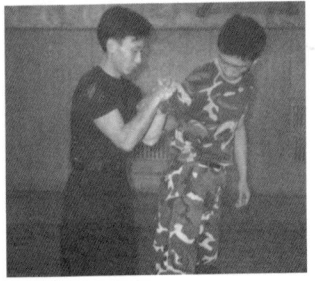

图 7-18

图 7-19

图 7-20

图 7-21

技术之二：

　　保安人员从正面接近敌方后，立刻出左手抓住敌方的右手腕，右前臂猛切敌方颈部。然后，保安人员迅速上右脚别住敌方的双腿，立即向后蹬伸，配合上肢扭转力量，将敌方摔倒。随后，保安人员向内稍旋转敌方的右手腕，右手握拳屈臂，猛地挑击敌方的右肘关节窝，使其右臂弯曲，这个动作将敌方身体向侧翻转。保安人员就势将敌方的右手臂背别在其背后，并用力按在地上。见图（7-22、23、24)。

图 7-22

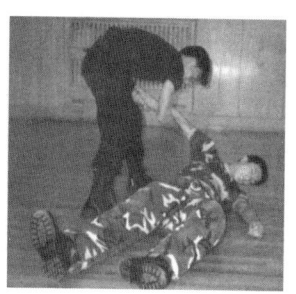 

图 7-23　　　　　　　　　　图 7-24

技术之三：

保安人员由后接近敌方，一手臂锁住其咽喉，另一手推住敌方的后腰后拉，同时一脚踩击其膝窝，一踩到地。然后保安人员用手臂锁喉的同时，一手控制其一肘，顺势向一侧扭摔，将敌方摔倒在地成俯卧状，保安人员随之骑压在敌方的身上，并控制住其一手臂，使敌方难以反抗，整个抓发锁喉及踹膝必须连贯一致，迅猛有力，抓臂扭摔要及时。见图（7-25、26、27、28）。

图 7-25　　　　　　　　　　图 7-26

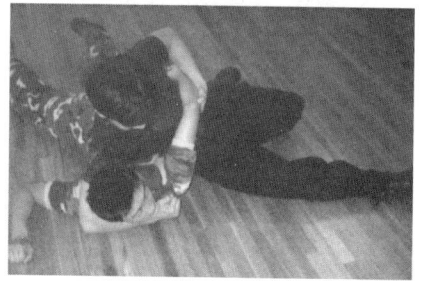 

图 7-27　　　　　　　　　　图 7-28

技术之四：

保安人员由后接近敌方，双手抓住敌方的手臂，同时将敌方的手臂控制在自己的腋下，双手前拉敌方手臂，自己的双腿分开成马步，同时重心下降。控制敌方肘关节，然后转体继续控制手臂使敌方伏卧。见图（7-29、30、31）。

图 7-29

图 7-30

图 7-31

技术之五：

保安人员由后接近敌方，双手抓抱敌方手臂，双手抱压于敌方肘关节，下降重心同时双手用力下压，把敌方控制在地上，然后转体控制敌方的肩关节，使敌方难以反抗。见图（7-32、33）。

图 7-32

图 7-33

二、二对一擒制

技术之一：

前后接近敌方，后方保安人员将敌方一手臂和腰抱住，正面保安人员拉臂锁喉，把敌方重心破坏于地上，同时控制敌方的关节（别臂控制）。见图（7-34、35、36）。

图 7-34

图 7-35

图 7-36

技术之二：

保安人员在敌方的侧后方接近，第一攻击点保安人员锁喉把敌方摔倒在地，第二攻击点保安人员将敌方肩关节控制，整个动作的完成要求连贯一致，迅猛有力，配合默契。见图（7-37、38、39）。

图 7-37

图 7-38

图 7-39

技术之三：

擒制处于仰卧姿势的敌方时，第一攻击点保安人员由侧面接近敌方，双手抓住敌方，把敌方拖离其原卧地点（因敌方可能在枕头下方放有武器或凶器），控制敌方的手臂头部（锁喉），同时另外的保安人员快速控制敌方的另一手臂（别臂），锁定敌方的关节，见图（7-40、41、42、43、44）。如果敌方是侧卧或俯卧状，可直接使用别臂技术将其擒制，见图 7-45、46、47、48、49）。

图 7-40

图 7-41

图 7-42

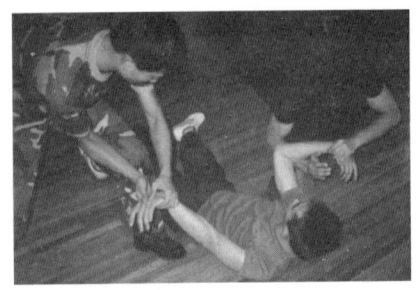

图 7-43

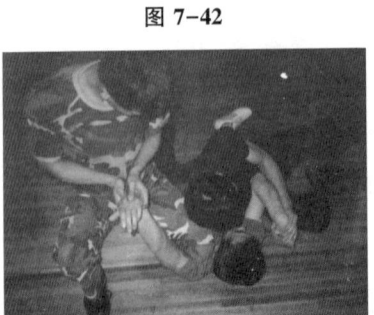

图 7-44

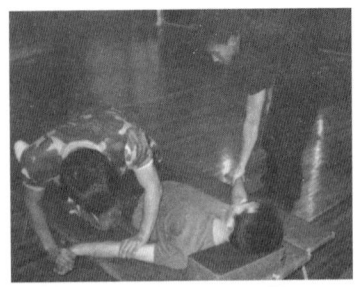

图 7-45

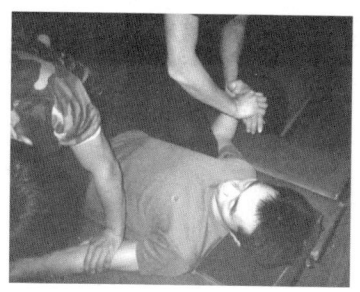
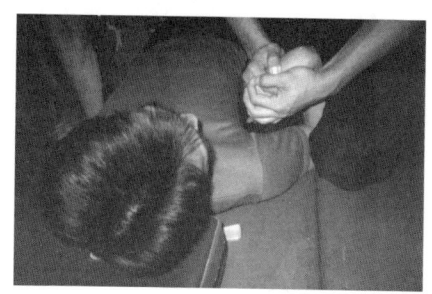

图 7-46　　　　　　　　　图 7-47

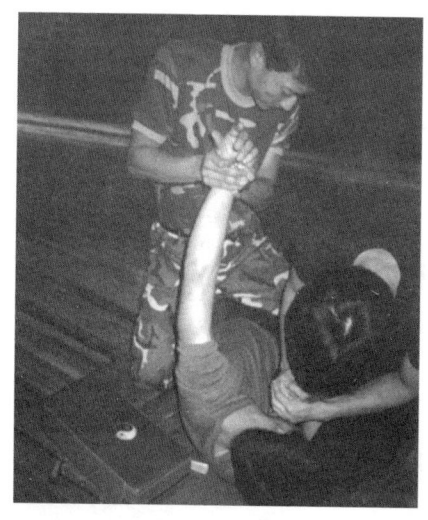
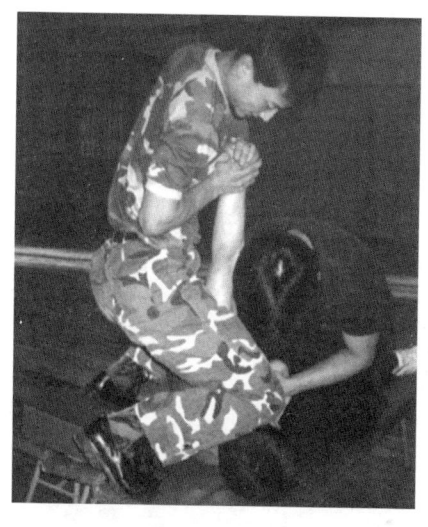

图 7-48　　　　　　　　　图 7-49

三、三对一擒制

技术之一：

保安人员在敌方的后方接近，第一攻击点保安人员冲抱敌方双腿破坏其重心，将敌方摔倒在地上，然后另外两名保安人员控制敌方的颈部和手臂。见图（7-50、51、52）。

图 7-50

图 7-51

图 7-52

技术之二：

对于处于坐姿的敌方，擒制时要根据当时的具体条件而采取相应的技术，如果敌方坐在背后是死角的沙发上或凳子上，保安人员只能从敌方的侧面或正面进攻，控制敌方的双手使敌方失去平衡，同时第三名保安人员从正面锁定敌方的头部，控制其关节。见图（7-53、54、55、56、57）。

图 7-53

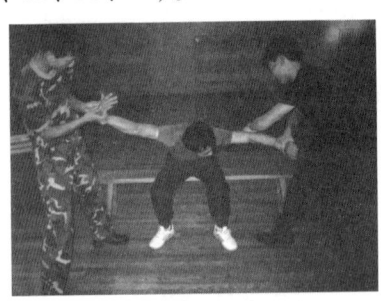
图 7-54

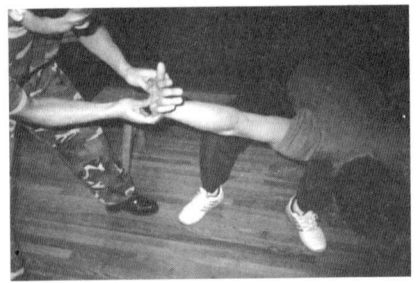
图 7-55

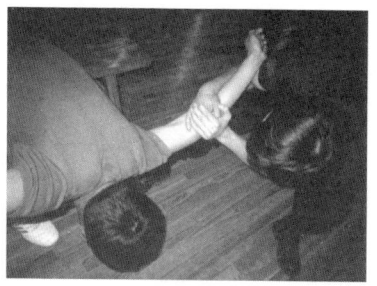

图 7-56

图 7-57

技术之三：

擒制处于坐姿的敌方时，如果后面没有死角，保安人员最好是从背后进攻。控制敌方的颈部（锁喉）同时使敌方失去平衡，其余保安人员控制敌方手臂，锁定其关节。见图（7-58、59、60）。

图 7-58

图 7-59

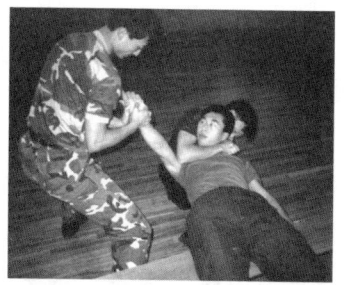

图 7-60

第八章　短棍技术

短棍是保安人员有效地制止暴力的一种有利的攻防武器。它作用广泛，攻击性强，防守严密而牢固，在实战中配合各种身体动作，灵活地运用多种攻防技术，能产生特有的功效。

第一节　持棍姿势

合理的持棍姿势，能使保安人员在面临各种情况时，做出最为有利的攻防和快速反应，制止暴力的侵害。

一、单手正握格斗姿势

持握姿势：

我方面对敌方两脚前后侧身站立，左脚在前，右脚在后，两脚间距与肩同宽，重心稍靠后，膝关节微屈，右手正握持棍，右臂弯曲，棍柄贴于侧腹部，左手握拳，曲臂前伸，拳心斜向右下方，拳面与肩同高。我方胸背保持自然，目视前方。（图 8-1）

另外，我方面对敌方两脚前后侧身站立，右脚在前，左脚在后，两脚间距与肩同宽，重心稍靠后，膝关节微屈，右手正握持棍，棍身斜向置于体前，右臂弯曲，左手成掌置于右颏下，掌心斜向右下方，掌与肩同

图 8-1

高。我方胸背保持自然，目视前方。(图 8-2)

图 8-2

图 8-3

姿势要点：

含胸、拔肩、立腰；沉肩垂肘；上体侧身向前，目视前方，保持警惕。

姿势用途：

它适用于实战性强，格斗激烈的预备姿势，其特点防守严紧，进攻迅猛。

二、单手反握自然姿势

持握姿势：

我方两脚前后侧站立，左脚在前，右脚在后，重心落于两脚之间，左臂沉肩垂肘，自然放松，置于身侧前，右手反手持棍，右臂自然垂下，肘关节略弯曲，将棍身靠在小臂后方，目视前方。(图 8-3)

姿势要点：

姿势自然，沉肩垂肘，上体侧向前方；短棍棍身贴于右手臂后，不外露。

姿势用途：

面对可疑分子及歹徒，隐藏短棍，使之备而不露，麻痹对方，便于应急的灵活，突然攻击。

三、单手夹棍自然姿势

持握姿势：

我方面对可疑分子及歹徒，两脚前后侧身自然站立，右手正握短棍在左腋下，左臂自然弯曲与右臂交叉置于胸前，目视前方。(图8-4)

姿势要点：

我方面色自然；双膝微屈使身体放松随时能起动；短棍的重量在左前臂处，便于随时抽动。

姿势用途：

它适用于我方与对方交谈、盘问时，一旦对方寻衅，或突然攻击时，我方便可迅速灵活地作出反应，攻击对方。

图 8-4

四、双手体前持棍姿势

持握姿势：

我方正面站立，两脚与肩同宽，两臂自然下垂，微曲，小臂内旋，虎口相对，横向握住短棍的两端，将棍身横放于体前。(图8-5)

姿势要点：

体态自然，威严；两膝微曲，便于随时起动攻防；两手持握棍端一紧一松不停地交替进行，便于随时起动攻防。

姿势用途：

它适用于隐蔽攻击，造成一种不可接触，一触即发的感觉，威吓敌方。

图 8-5

五、双手体后持棍姿势

持握姿势：

我方正面站立，两脚与肩同宽，两臂自然下垂，微曲，小臂内旋，虎口相对，横向握住短棍的两端，将棍身横放于体后。(图8-6)

姿势要点：

体态自然，威严；两膝微曲，两手持握棍端一紧一松，便于随时起动，左右挥动攻击。

姿势用途：

图 8-6

它适用于隐蔽攻击，造成一种不可接触，一触即发的感觉，威吓敌方。

第二节 基本防守技术

一、单手持棍防守

我方面对敌方，右手正握持棍，格斗姿势站立。

动作过程：

（一）上格挡

右臂向衣上方举起，手心向前，棍身横置于头顶正前上方，目视前上方。（图 8-7）

（二）下格挡

右臂略向前上方举起，然后向前下方下压，手心向下，棍身横置于腹前，目视前下方。（图 8-8）

图 8-7

图 8-8

（三）左上格挡

右臂向前侧上举起，将棍端朝上，随身体左转，棍身在头部前，右手臂垂直持棍向左横向格挡，目视前方。（图 8-9）

（四）左中格挡

右臂向前侧上举起，将棍端朝上，随身体左转，棍身在胸前，右手使棍垂直

向左横向格挡,目视左前方。(图8-10)

图 8-9

图 8-10

(五)左下格挡

右手臂向侧伸内旋,将棍端朝下,随身体左转,右手使棍垂直在腹前向左横向格挡,目视左下方。(图8-11)

(六)右上格挡

右臂向前侧上举起,使棍端朝上,随身体右转,棍身在头部前,右手臂垂直持棍向右横向格挡,目视前方。(图8-12)

图 8-11

图 8-12

（七）右中格挡

右手臂右侧略上举，将棍端朝上，手心斜向右前方，棍身垂直向右横向格挡，目视前方。(图 8-13)

（八）右下格挡

右手臂略右侧上举起，手臂内旋，使棍端朝下，右手臂伸直，使棍斜朝下向右侧外横向格挡，目视前方。(图 8-14)

动作要点：

两脚蹬地，两膝相扣，臂随腰转的同时，伸屈手臂；保持手腕、手臂的紧张性；力达棍身部。

动作用途：

用于防守来自各个方向的进攻。

二、双手持棍防守

我方面对敌方，两脚前后侧身自然站立，双手持握短棍两端，置于体前。

图 8-13

图 8-14

动作过程：

（一）上格挡。双臂向前上方举起，手心向前，使棍身横置于头前上方，含胸收腹，目视前方。(图 8-15)

（二）下格挡。双臂向前下方下压，手心向后，使棍身横于腹前下方，双手臂微曲，身体微前倾斜，含胸收腹，目视下方。(图 8-16)

图 8-15

图 8-16

（三）左上格挡。双臂随身体左转，向左前上方推举，手心斜向右，使棍身置于头胸的侧前方，双手臂微曲，目视左前上方。（图 8-17）

（四）右上格挡。双臂随身体右转，向右前上方推举，手心斜向左，使棍身斜向置于头、胸的侧前方，双手臂微曲，目视前方。（图 8-18）

图 8-17

图 8-18

（五）左中格挡。右手臂上抬，使棍与地垂直，随身体左转向左推，左手也随之略向左推，手心向前，含胸收腹且沉肩，目视左前方。（图 8-19）

（六）右中格挡。左手臂上抬，使棍与地垂直，随身体右转而向右推，右手也随之略向右推，左手心向前，右手在下，左手在上，使棍横格于胸腹的左侧前，含胸收腹且沉肩，目视右前方。（图8-20）

图 8-19　　　　　　　　　　图 8-20

双手臂协调发力，保持棍身的横向格挡；两脚蹬地，两膝相扣，转腰整体发力，力达棍身；格挡的动作过程，保持两臂与手腕的一定紧张度。

动作用途：

用于防守各种方向的进攻。

第三节　攻击技术

一、基本技术

（一）棍身攻击法

1. 劈击

动作过程：

（1）我方面对敌方格斗姿势站立。

（2）我方右手持棍由腹前上举至头顶。

（3）我方将棍身由侧上向前斜下劈击。

（4）我方也可将右手持棍随转身举至左肩上、并向前斜下劈击。（图8-21）

动作要领：

(1) 上举协调，以腰带臂。

(2) 劈击动作的躯干与手臂应协调连贯。

(3) 力点在棍身的前段。

动作用途：

主要用于攻击敌方的四肢及肩等部位。

学练程序：

(1) 体会徒手的转腰，蹬地发力。

(2) 体会徒手的斜下劈击动作要领。

(3) 体会持棍的手臂挥劈动作要领。

(4) 完整练习持棍的劈击动作。

(5) 持棍劈击沙包、脚靶等实物。

(6) 结合步法移动的实物劈击。

学练要点：

(1) 掌握身体的发力为基础。

(2) 由慢动作到快动作，由分解动作到完整动作，反复地空击和实物劈击练习。

(3) 进行劈击动作时，思想上带有实战意识。

图 8-21

2. 横击

动作过程：

(1) 我方面对敌方格斗姿势站立，右手正握短棍。

(2) 我方右手持棍侧后方举起。

(3) 我方将棍由右侧后方横向左前方挥击。（图 8-22）

(4) 我方也可将棍随左转身举至身体左侧。

(5) 我方将棍由左侧横向右前方挥击。

(6) 我方也可右手反握短棍，随左转体将短棍左前方横向挥击。（图 8-23）

(7) 我方也可反手持握短棍，置于身体左下侧，随向右转体，由左侧向前向右横向挥击。（图 8-24）

图 8-22

图 8-23　　　　　　　　图 8-24

动作要领：

（1）握棍紧，鞭打抖腕，力达棍身前段。

（2）两脚蹬地，以腰带臂。

（3）上下肢躯干协调发力。

动作用途：

主要用于攻击敌方的躯干和四肢等部位。

学练程序：

（1）掌握徒手的转体发力。

（2）体会徒手的各种横向挥击动作。

（3）持棍练习各种挥击鞭打发力。

（4）实物挥击，体会手腕的用力感觉。

（5）完整的横击空击及击打实物练习。

（6）结合各种身体移动的步法做横击空击和击打实物练习。

学练要点：

（1）掌握身体的蹬地旋转发力要领。

（2）分解各种动作的要领体会。

（3）发挥身体的整体协调力。

3. 撩击

动作过程：

(1) 我方面对敌方格斗姿势站立。

(2) 我方右手正握短棍，下置于身体右后侧。

(3) 我方将棍随转体由下向前上方挥击。（图8-25）

(4) 我方也可左转身将右手棍由左下方向前上方挥击。

(5) 我方也可反手持握短棍，置于身体右下侧，随向左转体，由下向前上方挥击。（图8-26）

图 8-25

图 8-26

动作要领：

(1) 保持身体的垂直旋转，以腰带动短棍由下向前上方挥击。

(2) 两脚蹬地发力，手腕斜动而击。

动作用途：

主要用于攻击敌方的躯干及下颌等部位。

学练程序：

(1) 掌握徒手的转体发力要领。

(2) 体会徒手练习。

(3) 完整的持棍空击练习。

(4) 实物击打练习。

(5) 掌握身体的步法移动中的发力撩击。

学练要点：

(1) 两脚蹬地和身体转动发力协调配合。

（2）身体重心的平衡。

（3）手臂抖腕鞭打协调配合。

4. 捅击

动作过程：

（1）我方面对敌方，右手正握持棍格斗姿势站立。

（2）我方身体左转，右手持棍将棍随右手臂由曲至伸向前直线捅出。（图8-27）

动作要领：

（1）身体整体配合，拧转发力。

（2）转体、伸臂、前捅要协调一致，短促有力。

图 8-27

动作用途：

主要用于直线攻击敌方的胸腹及背等部位。

学练程序：

（1）体会徒手的转体发力动作要领。

（2）持棍空击练习。

（3）持棍的实物捅击练习。

（4）结合步法的移动空击和实物捅击练习。

（5）模拟实战捅击练习。

学练要点：

1. 掌握整体的协调发力。

2. 保持手腕的紧张度。

3. 力达棍前端。

（二）棍把攻击

1. 砸击

动作过程：

（1）我方面对敌方，右手正握持棍，格斗姿势站立。

（2）我方右手持棍，向右上方摆起。

（3）我方身体左转，右手臂向前下方猛砸。（图 8-28）

动作要领：

（1）两脚蹬地，转体扣膝。

（2）手臂随腰转发力，鞭打加速，力达棍把端。

动作用途：

主要用于近距离砸击敌方的肩及背等部位。

学练程序：

（1）徒手转腰扣膝练习。

（2）右手臂挥砸练习。

图 8-28

（3）转腰扣膝与挥砸的协调配合练习。

（4）持棍空击和砸击实物练习。

（5）结合步法的移动中砸击练习（包括空击和砸击实物）。

学练要点：

（1）躯干、四肢与砸击发力的整体配合。

（2）所有练习都是由慢到快，由分解到完整进行练习。

（3）砸击的最后，必须保持手腕、臂部的紧张度。

2. 横击

动作过程：

（1）我方面对敌方，右手正握持棍，格斗姿势站立。

（2）我方右手持棍右侧上举。

（3）我方右脚蹬地扣膝，转腰发力，带动右臂将棍把向左弧形横击。（图 8-29）

动作要点：

（1）脚蹬地扣膝和转腰的协调配合。

（2）棍把领先，力达把端而击出。

动作用途：

主要用于攻击敌方的头侧部及胸腹等部位。

图 8-29

学练程序：

(1) 体会原地空击的转腰扣膝动作要领。

(2) 分解各动作的要领。

(3) 完整的空击练习。

(4) 持棍的完整空击和击打实物练习。

(5) 身体移动中的空击和实物击打练习。

学练要点：

(1) 练习由慢到快，由分解到完整。最后结合实战意识而进行练习。

(2) 练习中抓住完整动作的发力和最后接触实物时的腕、臂紧张度。

3. 挑击

动作过程：

(1) 我方面对敌方，右手正握持棍，格斗姿势站立。

(2) 我方右脚蹬地，右膝内扣和转腰送肩，将右手持握的短棍棍把，由下向上猛挑。（图8-30）

动作要领：

(1) 脚膝、腰肩的协调发力。

(2) 最后的含胸、送肩、上挑棍把的协调配合。

动作用途：

主要用于攻击敌方的下颌及胸腹等部位。

图 8-30

学练程序：

(1) 体会徒手的转腰发力和分解动作练习。

(2) 体会持棍的空击完整的动作练习。

(3) 体会持棍挑击的实物击打练习。

(4) 移动中的空击和实物击打练习。

(5) 模拟实战，结合攻防的挑击练习。

学练要点：

(1) 掌握徒手的发力身体平衡。

(2) 掌握最后发力接触实物的手腕及臂的紧张度。

4. 戳击

动作过程:

(1) 我方面对敌方,右手反握短棍,格斗姿势站立。

(2) 我方降低重心,右脚蹬地扣膝,转腰送肩,将右手持握的短棍把端向前推出。(图 8-31)

动作要领:

(1) 动作的整体配合发力,力达把端。

(2) 发力要快速短促。

动作用途:

主要用于攻击敌方的脸面、咽喉及胸腹等部位。

学练程序:

(1) 掌握徒手的右直拳发力要点。

(2) 分解体会攻击的起始点、过程及最后动作的发力要领。

图 8-31

(3) 完整的快慢相间戳击练习。

学练要点:

(1) 掌握徒手的直线攻击要领。

(2) 掌握持棍攻击的手腕、臂肩部的紧张度。

二、实战技术

实战技术是将短棍的基本攻防动作结合徒手的攻防和身体移动变化,根据攻击和防守及反击的需求,合理地使用短棍格斗的方法。在实践中,要避免被敌方抓握,一旦被抓握,必须及时解脱反擒制。在格斗中,要发挥腕部的灵活性和手臂的力量来打击敌方。

(一) 踹膝锁喉

格斗姿势:

敌方自然行走或站立,我方由其背后接近。

格斗动作:

(1) 我方右手正握持短棍,从敌方的背后接近,发右脚踹击敌方的右膝窝。(图 8-32)

(2) 我方迅速右手将短棍横贴敌方咽喉,左手抓住棍身前段,双手回拉,

锁其喉部。(图 8-33)

图 8-32　　　　　　　　　　　　　图 8-33

格斗要点：

踹击、锁喉准确而有力，踹与回拉形成合力，破坏敌方的身体重心。

(二) 击腹锁喉

格斗姿势：

我方右手正握持短棍，自然站立，由前接近。

格斗动作：

(1) 我方趁敌方接近，距离合适，上左步右手持棍捅击敌方的腹部。

(2) 我方随即起身用棍身前段横击敌方左肩上部。

(3) 我方趁机右脚斜前上步，双臂交叉各握棍一端将短棍横向反勒锁住敌方的咽喉，双手用力回拉，右胯顶住敌方的臀腰。(图 8-34、35、36、37)

图 8-34　　　　　　　　　　　　　图 8-35

格斗要点：

上步进身捅击要连贯、快速，使用短棍反锁喉要准确、凶猛。双手回拉与顶胯要形成合力，以破坏敌方的重心平衡。

图 8-36

图 8-37

（三）击臂砸肩

格斗姿势：

我方左腋下夹短棍（右手正握持短棍）自然姿势站立，敌方由前攻击我方。

格斗动作：

（1）我方趁敌方接近，突然右手抽短棍，由左向右横击敌方的肩臂部。

（2）我方上左步下蹲，右劈棍击打敌方左膝。

（3）我方随之顺势迅速持棍以棍把端斜下砸击敌方的肩上部（图 8-38、39、40、41）

图 8-38

图 8-39

格斗要点：

出击应突然准确，把握距离，以身带臂动作连贯顺达，力达棍身及把端。

（四）踢腹挑颌

格斗姿势：

图 8-40　　　　　　　　　　　图 8-41

我方由前接敌，右手正握持短棍，格斗姿势站立。

格斗动作：

（1）我方趁机发左弹腿踢击敌方腹部。

（2）我方左脚顺势落地，举右手斜下劈击敌方的左肩上部。

（3）我方顺势反手劈击敌方的右肩上部。

（4）我方右手将棍回收后向前捅击敌方腹部。

（5）我方左转体右手握棍把上挑击敌方下颏。（图8-42、43、44、45、46）

图 8-42　　　　　　　　　　　图 8-43

图 8-44　　　　　　　　　　　图 8-45

格斗要点：

踢击隐蔽突然，棍击连贯顺达以腰带动棍发力。

（五）击腿砸肩

我方面对敌方双手体后持棍自然姿势站立。

格斗动作：

（1）敌方逼近，我方突然右手持棍横击敌方的头部（敌方后闪，躲过）。

（2）我方顺势反手击敌方左小腿内侧。

（3）我方回转身左手扶住右手反手斜上撩击敌方裆腹部。

（4）我方右手将棍把下砸敌方的左锁颈骨侧部。（图8-47、48、49、50、51）

图 8-46

图 8-47

图 8-48

图 8-49

格斗要点：

敌方的闪后，我方必须快速下蹲横击其小腿，所有动作必须连贯协调，发力要狠，以腰身带动手臂挥击，力达棍身把端。

（六）击喉劈肩

格斗姿势：

图 8-50

图 8-51

我方由前迎敌，双手体前持棍自然站立姿势。

格斗动作：

（1）敌方逼近，我方突然重心前移，双手将短棍平推攻击其咽喉。

（2）我方起右腿踢击敌方腹部。

（3）我方右手将棍把横击敌方的左侧太阳穴。

（4）我方顺势，左手扶右手反手横劈击敌右侧肩上部。（图8-52、53、54、55）

图 8-52

图 8-53

图 8-54

图 8-55

格斗要点：

出击突然，动作连贯，准确而有力，两脚两膝蹬扣配合协调拧转发力。

第四节　反击技术

一、防守反击技术

（一）对付徒手攻击

1. 捅腹劈肩

格斗姿势：

我方由前迎敌，右手正握持棍，格斗姿势站立。

格斗动作：

（1）敌方逼近，挥动右拳攻击我方头部，我方右手将短棍端直接捅击敌方胸口。我方起右腿弹踢敌方的腹部。

（2）我方顺势右脚落地拧腰双手朝左下劈击敌方左侧肩上部。

（3）我方左手扶右手反手横击敌方的右侧肋部。

（4）我方顺势拧腰双手斜下劈击敌方右侧肩上部。（图8-56、57、58、59、60、61）

图 8-56

图 8-57

格斗要点：

捅击及时有力，各击打动作连贯协调，两腿蹬扣维护平衡，转体拧腰，力达棍身。

2. 格挡踢腹

图 8-58

图 8-59

图 8-60

图 8-61

格斗姿势：

我方由前迎敌，右手持棍，格斗姿势站立。

格斗动作：

（1）敌方挥拳击打我头部，我方迅速调整距离，右手持棍左上格挡敌方的右拳。

（2）我方右手反手横击敌方的右侧肩部。

（3）我方起右腿，踢击敌方的腹部。（图 8-62、63、64）

图 8-62

图 8-63

格斗要点：

我方格挡及时、准确，反手横击连贯顺达。动作完成要以腰垂直拧转为枢纽，带动四肢攻击。

3. 劈臂别臂

格斗姿势：

我方由前迎敌，格斗姿势站立，右手正握短棍。

格斗动作：

（1）敌方挥右拳攻击我方头部，我方右手持棍劈击敌方右小臂。

（2）我方顺势下蹲反手横击敌方的右膝。

（3）我方上左步，左手抓住敌方右手臂，右手握棍身挑击敌方右手臂。

（4）我方顺势转体用短棍别敌方的右臂。（图8-65、66、67、68）

图 8-64

图 8-65

图 8-66

图 8-67

格斗要点：

我方劈击右臂要准确、有力，挑击与别臂应配合左手的抓拧和身体的转体，整个动作协调连贯。

4. 挡臂别臂

格斗姿势：

我方由前迎敌，右手反握持棍，格斗姿势站立。

格斗动作：

（1）敌方右拳击我方头部，我方左手臂向左格挡。

（2）我方右腿踢击敌方裆腹部。

（3）我方右脚顺势前落地，右手用棍横推敌方左侧头部。

（4）我方上左步，右手将棍下插于敌方右腋下挑小臂，压肩别肘，身体右转身，左手拧推右臂。

（5）我方顺势左膝跪压敌方右膝。（图8-69、70、71、72、73）

图 8-68

图 8-69

图 8-70

图 8-71

格斗要点：

格挡抓臂与踢击应快速有力而协调。右手棍压肩和别肘必须配合左手拧推和身体的左上方转体，各动作协调有力。

图 8-72

图 8-73

5. 劈头踹膝

格斗姿势：

我方由前迎敌，右手正握棍，格斗姿势站立。

格斗动作：

(1) 敌方右蹬腿踢击我腹部，我方右侧闪身，右手握棍左下格挡。

(2) 我方顺势右手棍劈击敌方右肩上部。

(3) 我方发右脚踹踢击敌方的右膝。（图 8-74、75、76、77）

图 8-74

图 8-75

图 8-76

图 8-77

格斗要点：

闪躲及时，格挡劈击协调顺达，身体协调发力。

6. 拉腿撩挡

格斗姿势：

我方由前迎敌，双手体前持棍，自然姿势站立。

格斗动作：

（1）敌方右侧弹腿踢向我左侧肋部，我方转身双手持棍向左格挡。

（2）我方顺势左手抓握敌右踝，右手棍反手撩击敌方裆部。（图8-78、79、80）

图 8-78

图 8-79

格斗要点：

格挡有力，撩击准确，用力适度。

7. 格挡击颈

格斗姿势：

我方由前迎敌，双手体前持棍，自然姿势站立。

格斗动作：

（1）敌方右弹腿踢向我方裆部，我方用棍下格挡。

（2）敌方右拳击我头部，我方双手持棍上格挡。

图 8-80

(3) 我方顺势下蹲，左手持棍端横击敌方肋部。

(4) 我方双手用棍把斜下砸击敌方右侧肩背部。（图 8-81、82、83、84）

格斗要点：

下上格挡及时，下蹲攻击连贯协调。

图 8-81

图 8-82

图 8-83

图 8-84

（二）对付凶器攻击

1. 劈腕踢腹

格斗姿势：

敌方右手持匕首，我方由前迎敌，右手正握持短棍，格斗姿势站立。

格斗动作：

(1) 敌方右手将匕首直接刺向我方胸部，我方向左侧闪躲，右手棍劈击其右手腕。

(2) 我方顺势右手棍横击敌方咽喉部。

(3) 我方右侧弹腿踢击敌方。（图 8-85、86、87、88）

图 8-85

图 8-86

图 8-87

图 8-88

格斗要点：

闪躲劈腕及时准确，横击咽喉用力适度，击喉踢腹连贯。

2. 格腕锁喉

格斗姿势：

敌方右手持匕首向我方逼近，我方由前迎敌，右手反握短棍，格斗姿势站立。

格斗动作：

（1）敌方右手将匕首直向我方胸部刺来，我方向左侧闪躲，左手格抓敌方右手臂。

（2）我方右手持棍格推敌方右手腕。

（3）我方右手用棍横击敌方咽喉部。

（4）我方上步进身敌方的背后，双手交叉将棍横勒敌方咽喉向回拉。（图 8-89、90、91、92)

图 8-89

图 8-90

图 8-91

图 8-92

格斗要点：

闪躲格斗抓及时、准确，推格快速而有力，双手勒棍与身体的整体顶胯配合协调有力。

3. 格臂击头

格斗姿势：

敌方右手持匕首向我方横劈，我方由前迎敌，右手正握持棍，格斗姿势站立，步法移动与其保持一定距离。

格斗动作：

（1）敌方右手将匕首横向劈我方胸部，我方右手棍向左格挡其小臂，右手抓握敌右手腕。

（2）我方反手用棍横击敌方右侧肩上部。

（3）我方右手棍劈击敌方的左肩上部。

（4）我方右侧弹腿踢击敌方左膝。

(5) 我方左手扶右手双手斜向上撩击敌方的裆腹部。（图 8-93、94、95、96、97）

图 8-93

图 8-94

图 8-95

图 8-96

格斗要点：

格挡准确，反击连贯，顺达有力。

4. 格挡劈臂

格斗姿势：

敌方右手持匕首刺我腹部，我方由前迎敌，双手体前持棍，自然姿势站立。

格斗动作：

(1) 敌方右手持匕首上右步直刺我方腹部，我方双手持棍下格挡防守。

(2) 我方迅速起右腿正弹敌裆部。

(3) 我方左手扶右手棍向下反手劈击敌右手臂。（图 8-98、99、100、101）

格斗要点：

格挡与撤步斜下劈击要快速、协调而有力，以腰带臂携棍而动。

图 8-97

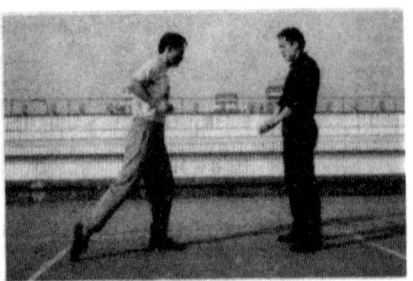

图 8-98

图 8-99

图 8-100

5. 格臂别肘

格斗姿势：

敌方右手反握匕首，我方由前迎敌，右手正握棍，格斗姿势站立。

格斗动作：

（1）敌方上右步，右手握匕首下刺我方头部。

（2）我方双手持棍左斜上格挡敌方右小臂。

（3）我方右侧踹腿踢击敌方右膝。

（4）我方右手松开由敌方右臂下穿抓棍向前压小臂，别其右肘。（图 8-102、103、104）

格斗要点：

格挡及时准确，别肘要狠。

6. 劈肩踢裆

格斗姿势：

图 8-101

图 8-102

图 8-103

图 8-104

敌方右手持菜刀，我方由前迎敌，右手正握持短棍，格斗姿势站立。

格斗动作：

（1）敌方右手持刀劈我方头部，我方做两次侧后闪。
（2）我方垫步左侧踹踢击敌方胸腹部。
（3）我方右手棍斜下劈击敌方肩上部。
（4）我方右正弹腿踢击敌方裆部。（图 8-105、106、07、108、109）

图 8-105

图 8-106

图 8-107

图 8-108

格斗要点：

侧后闪躲及时、准确，反击快速连贯。

7. 双臂合击

格斗姿势：

敌方右手持菜刀，我方由前迎敌，右手握短棍，格斗姿势站立。

格斗动作：

（1）敌方右手持菜刀横扫劈击我方头部，我方下蹲闪躲。

（2）我方起身左手扶握右手由左向右劈击敌方的右手腕。

（3）我方顺势双手将棍横击敌方腹部。

（4）我方上右步进身双手用棍把砸击敌方后背。（图 8-110、111、112、113）

格斗要点：

闪躲与反击连贯、顺达，以腰为枢纽拧转带动双臂挥动。

8. 撩裆劈肩

图 8-109

图 8-110

图 8-111　　　　　　　　　　　　图 8-112

格斗姿势：

敌方双手持握长棍，我方由前迎敌，右手正握棍，格斗姿势站立。

格斗动作：

（1）敌方双手持棍直捅我方的腹部，我方侧闪身双手持棍格挡。

（2）我方左臂夹长棍，右手反撩击敌方裆部。

（3）我方右手棍反手劈击敌方肩上部。（图 8-114、115、116、117）

图 8-113　　　　　　　　　　　　图 8-114

图 8-115　　　　　　　　　　　　图 8-116

格斗要点：

侧闪格挡协调，夹棍撩击连贯顺达。

9. 劈臂捅喉

格斗姿势：

敌方双手持棍向我方逼近，我方由前迎敌，右手正握棍，格斗姿势站立。

图 8-117

格斗动作：

（1）敌方双手持棍直向下劈击我头部，我方双手正握短棍向上格挡。

（2）我方借力下蹲，右手持棍绕过头部横劈敌方右膝关节。

（3）我方双手持棍横向劈击敌方右手臂。

（4）我方双手持短棍直捅敌方咽喉。（图 8-118、119、120、121）

图 8-118

图 8-119

图 8-120

图 8-121

格斗要点：

格挡及时，下蹲抽棍劈击要借力顺势，身腰肩臂协调发力。

10. 劈臂砸肩

格斗姿势：

敌方双手持棍，我方由前迎敌，右手正握持棍，格斗姿势站立。

格斗动作：

（1）敌方双手持棍横扫我侧腰部，我方双手持棍侧格挡。

（2）我方左手迅速抓住敌棍端，右手持短棍反手劈击敌方手臂。

（3）我方右上步，右手上挑敌方的下颏。

（4）我方右手用棍端下砸敌方的头面部。（图8-122、123、124、125）

图 8-122

图 8-123

图 8-124

图 8-125

格斗要点：

格挡及时、准确，反击连贯，整体发力。

二、解脱反击技术

（一）折腕压肘

被抓姿势：

我方右手正握短棍，敌方左手正抓短棍前段。

反击动作：

1. 我方左手抓住敌方的左手固定在短棍处。
2. 我方右手棍把上抬，身体上步左转，右手棍向前下压敌方的手臂和右肘关节。
3. 我方双手用力向下旋压拉，使敌方被按倒在地。（图 8-126、127）

图 8-126

图 8-127

反击要点：

抓手准而牢固，上步转身压拉要猛、狠、快，上步压敌臂协调用力。

（二）卷腕拧臂

被抓姿势：

我方右手正握短棍，敌方右手正抓短棍前段。

反击动作：

1. 我方左手抓住敌方右手的拇指和食指，固定在短棍处。
2. 我方左手抓住敌方右手迅速外旋。
3. 我方右手上抬棍把猛力向敌方的腕关节施加拧转压力。
4. 敌方被迫下跪撑而就擒。（图 8-128、129）

图 8-128

图 8-129

反击要点：

抓手准确而牢固，外旋下拉而拧动敌方手臂。

（三）抓指拧腕

被抓姿势：

我方右手正握持短棍，敌方左手反抓我方短棍前段。（图8-130）

图 8-130

反击动作：

1. 我方左手捏抓敌方的左手，固定在短棍处。

2. 我方撤右腿身体略右转，左手向内旋转下拉。

3. 我方右手上抬并拧转棍把，将棍前段顺时针转动，造成敌方后拧转而坐地就擒。（图8-131、132）

图 8-131

图 8-132

反击要点：

抓指准确而牢固，拧转快速而有力。

（四）绞压戳击

被抓姿势：

敌方双手手心向下横抓短棍中段，我方右手正握棍。

反击动作：

1. 我方左手快速抓住短棍前段，向前上旋压敌方右手腕。

2. 我方左手下压回拉，右手向前上旋压敌方右手腕，迫敌方松手。

3. 我方用把端戳击敌方咽喉部。（图8-133、134、135、136）

图 8-133

图 8-134

图 8-135

图 8-136

反击要点：

绞压转身，拧腰带棍，弧线运动，戳击有力。

(五) 挑拉盖击

被抓姿势：

我方右手正握短棍，敌方双手反抓棍身中段。

反击动作：

1. 我方左手抓住棍前段。

2. 我方左手回拉，右手上挑，身体后撤步转体。

3. 我方右转身，左手棍端盖击敌方头面部。(图 8-137、138、139、140)

图 8-137

图 8-138

图 8-139

反击要点：

左手抓棍快速，回拉与上挑以身体的后撤转体为后坐力，整体协调发力完成。

（六）绞挑横击

被抓姿势：

我方右手正握短棍，敌方双手手心向上抓住棍中段。

反击动作：

1. 我方左手抓住棍前端。

2. 我方左手由下往上挑压敌方右腕。

3. 我方左手回拉，右手由下往前上挑压敌方左腕。

4. 我方右转身，左手棍端击打敌方头面部。（图 8-141、142、143、144）

反击要点：

以腰带棍，旋转发力。

（七）压棍击头

图 8-140

图 8-141

图 8-142　　　　　　　　　　　　图 8-143

被抓姿势：

我方右手正握持短棍，敌方左手下压抓住我方右手腕。

反击动作：

1. 我方右手腕外旋，将短棍横压于敌方左手腕上。
2. 我方用左手从自己右臂下抓住棍前端，向下折压其左手腕。
3. 敌方被迫松左手后，我方左手持棍前反击敌方头部。（图 8-145、146、147）

图 8-144　　　　　　　　　　　　图 8-145

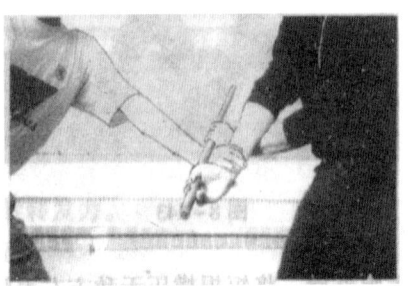 

图 8-146　　　　　　　　　　　　图 8-147

动作要点：

短棍横置下压协调连贯，反击敌头部要快但用力要适度。

第九章　利用地形地物进行防卫

利用地形、地物进行防卫，是指保安人员在执行巡逻任务中，根据当时的周围环境，合理地利用现存的地理特点和现有的物品工具而进行的防卫格斗。

第一节　利用墙角格斗

一、踹膝击头

敌方沿墙正在行走，我方隐蔽在墙角一侧。

格斗动作：

1. 我方起左腿，用脚外侧或脚跟踹击敌方右膝关节。

2. 用右手鞭拳，猛击其头面部。

3. 起右腿，用侧弹腿踢击敌方的腰腹部。

格斗要点：

躲藏隐蔽，攻击突然而准确，动作连贯而迅猛。

二、绊腿跪压

敌方沿墙跑动，我方隐蔽在墙角一侧。

格斗动作：

1. 我方身体下蹲，用左腿外伸挡绊敌方小腿，使之扑倒。

2. 我方从敌方侧后接近，将其双腿曲膝叠压。

3. 我方将身体坐压在敌方小腿处，用右手抓其右腕上提，用左手下压其右肩。

格斗要点：

绊腿迅猛、准确，曲膝跪压连贯牢固。

三、砍颈撞墙

我方沿右侧墙行走，正面遇敌方接近。

格斗动作：

1. 敌方发右直拳，攻击我方头面部，我方侧身闪躲，右手变掌，横击其颈部。

2. 我方用左手抓其颈部，右手抓其右手腕，顺势转身，将其撞击墙壁。

3. 我方右手反拧敌方的手臂，发左腿踹击其膝，使之下跪。

格斗要点：

躲闪及时，横掌准确，抓撞、拧踹连贯而有力。

四、肘击顶裆

我方沿左侧墙站立，敌方右手持匕首，指向我方胸部。

格斗动作：

1. 我方左手向外扣手抓住敌方右腕并撞击墙。

2. 我方用右肘横击其头面部。

3. 我方顺势用右手抓其头颈部回拉，右膝顶击其裆部。

格斗要点：

左手格挡抓腕应配合身体左转移动，肘击与回拉头颈顶裆要协调连贯。

第二节　利用楼梯格斗

一、下拉折压

敌方在楼梯的上方面朝上方，我方在楼梯的下方。

格斗动作：

1. 我方用右手快速抓敌方脚踝下拉。

2. 我方发左拳攻击其骶椎骨部位。

3. 我方用左手按抓其左腿，用右肩臂折压其右小腿踝关节。

格斗要点：

抓踝下拉要快而猛，左击拳要准确，折压有力。

二、格挡搂摔

敌方在楼梯上方面朝下方，我方在楼梯下方。

格斗动作：

1. 敌方用右腿蹬击我方头部。

2. 我方用左臂向外格挡，并顺势用右手搂其支撑腿，使之倒地。

3. 我方发左肘向下横击其腹部。

格斗要点：

格挡应配合闪身，进身而抓搂其支撑腿，敌方倒下后，我方应重心前压发左肘横击。

三、下蹬后背

我方在楼梯上方，敌方在楼梯下方，背向我方而下跑。

格斗动作：

1. 我方下跑跳起，发右腿蹬踢敌方后背心处。

2. 我方右手扶楼梯栏杆，保持平衡，敌方下栽倒地。

格斗要点：

下跑快，蹬击准，平衡控制稳。

四、后压踢颏

敌方在楼梯的下方，我方在楼梯的上方面对敌方。

格斗动作：

1. 敌方发右拳直击我方裆部，我方左手向下拍压其右拳。

2. 我方起右腿以蹬腿踢击其下颏。

格斗要点：

拍压防守与蹬腿踢击要连贯，保持身体重心的稳定。

五、磕臂扣颏

在楼梯转角处，敌方上楼，我方下楼与其相遇。

格斗动作：

1. 敌方右手持匕首，直刺我方腹部。

2. 我方左闪躲用双手抓其右臂，并顺势磕向护栏杆。

3. 我方双手下拧其臂倒手穿别在护杆处，一手由后扣其下颏。

格斗要点：

躲闪快，抓拿准，磕砸拧臂要连贯，扣下颏要牢固。

六、磕踝踢裆

在楼梯转角处，敌在楼梯上方，我方在楼梯下方。

格斗动作：

1. 敌方发右腿，蹬踢我方胸腹部。

2. 我方双手抓拿其右踝，顺势磕击梯角的护栏。

3. 我方起右腿弹踢其裆部。

格斗要点：

抓拿敌方右踝时应配合身，磕砸猛，弹踢准。

第三节　公共汽车上格斗

一、砍掌锁喉

敌方在座位的前排面向后排而坐，我方在后排。

格斗动作：

1. 敌方发右直拳击我方头面部，我方左手拍击。

2. 我方发左手反砍掌击其咽喉。

3. 我方用右手臂锁其喉，用左手按准其后脑。

格斗要点：

拍击与反砍掌反击要紧凑而有力，锁喉与按头要牢固。

二、击肋圈脖

敌方站在车门口处，左手抓竖杆，我方进门上车。

格斗动作：

1. 敌方用左直拳击我方头面部。

2. 我方右手扣抓其左腕，发左小拳击其肋部。

3. 我方用右手将敌方手臂绕杆圈脖。

4. 我方顺势将右手换左手抓住其右手，用右手按其后脑。

格斗要点：

格挡、抓腕及反击要连贯迅猛，绕臂圈脖要快，按头要牢。

三、抓杆蹬踢

在车厢走道处，敌方右手持刀欲砍击我方。

格斗动作：

1. 敌方举起右手欲劈我方头部。

2. 我方双手抓住座位的护栏，腾起。

3. 我方空中发双脚踢敌方头胸部。

格斗要点：

抓杆腾起应干脆，蹬踢要准而猛。

四、格挡按头

敌方坐靠于车窗，我方坐在敌方的后排。

格斗动作：

1. 敌方站起转身，发右摆拳，击我方头部。

2. 我方右格挡，同时左手格击其右肘。

3. 我方右手抓其右手腕，左手按其肩，将敌方按撞车窗。

4. 我方左手下按其头，右手拧臂。

格斗要点：

右手格挡与左格挡要猛，抓腕、按肩及撞车窗口要顺势连贯。

第四节　利用随身物品格斗

一、衣服

技法之一：

敌方右手持匕首，向我方正面逼近，我方快速脱下上衣，拿持在手。

格斗动作：

1. 我方距敌方距离合适，抢先将衣服蒙住其头部和面部。

2. 我方上左脚，起右腿，弹腿踢击其腹部。

3. 敌方受踢后，上体前俯，我方收右腿，再次发右弹腿踢击其头部。

格斗要点：

丢衣蒙脸应趁敌方不注意，快速进行，右腿踢击要迅速、准确。

技法之二：

敌方右手持匕首，我方双手持衣，面对对方。

格斗动作：

1. 敌方右手持匕首，刺我方腹部，我方作闪躲。

2. 我方作闪躲的同时，用衣服将敌方右手臂缠绕，起右侧弹腿，踢击其腹部。

3. 我方左手抓其右腕上提转，右手配合完成卷腕，完成夺匕首动作。

格斗要点：

衣服缠绕要时机，踢击卷腕要快速而狠。

二、手提包

技法之一：

面对敌方，我方慢慢接近。

格斗动作：

1. 趁敌方不注意，突然将手提包横击对方的头部。

2. 我方随之起右侧弹腿踢击其膝部。

3. 我方顺势反手正面将提包横击其头面部。

格斗要点：

横击包与踢击动作要连贯而有力。

技法之二：

敌方右手持匕首，正面向我方逼近。

格斗动作：

1. 我方趁敌方逼近欲攻击之时，双手持提包，投向其头部。

2. 我方踢右侧弹腿，击其裆部。

3. 我方趁其前俯弯腰之际，起右侧弹腿踢击其头部。

格斗要点：

持包击头要准确、突然，腿法踢击要连贯协调。

技法之三：

敌方右手持短棍，正面向我方逼近。

格斗动作：

1. 敌方右手持短棍，正面向我方逼近。

2. 我方双手举包架挡，起右弹腿，踢击其裆部。

3. 我方双手持包，下砸其后脑。

4. 我方起左腿以膝顶其头部。

格斗要点：

举包架挡应向前顶，踢击要准确，下砸顶膝要连贯，迅猛。

三、腰带

技法之一：

我方手握腰带中部，与敌方面对面相对视。

格斗动作：

1. 我方趁敌方注意我方手中腰带之机，垫步左弹腿击其裆腹部。

2. 我方举右手用腰带斜下劈击其侧部。

3. 我方反手用腰带斜上挑击其头部。

4. 我方上进身，用右手砸击其左肩上部。

格斗要点：

垫步左弹踢要突然，腰带打击要有力。

技法之二：

我方从敌方背后，接近对方。

格斗动作：

1. 我方双手持腰带的两端，由后将对方脖子圈上。

2. 我方用膝顶住其背部，双手交叉勒其颈。

3. 我方左转身，将腰带十字交叉，置于右肩，然后向上提拉并前俯身。

格斗要点：

圈脖顶膝要同时，转背扛要连贯迅速。

技法之三：

敌方右手持匕首，正面向我方逼近。

格斗动作：

1. 敌方右手持匕首上举，由上向下劈刺我方头肩部。
2. 我方双手持拿腰带，上右步，上举格挡并缠腕。
3. 我方起左腿弹踢其裆部。
4. 我方左腿上步右转身，用左腋下夹压其右手臂的肘部。

格斗要点：

腰带格挡的同时踢左腿，缠绕要快速，夹压右肘要迅猛。

四、硬币

在格斗中，硬币主要是用于掷向敌方的面部，如果手中有 5 至 10 枚硬币，也可以码齐使之斜倒握在手中，这样可以明显地增强拳击打的力量，当处境不利时，还可掷向对方面部，然后趁机垫步侧踹其头、胸部。

格斗要点：

动作隐蔽连贯。

第五节　利用其他物品格斗

一、椅子

技术之一：

敌方右手持刀，向我方逼近，我方将椅子置于身前。

格斗动作：

1. 我方将椅子推击向敌方，敌方制动而略前俯身。
2. 我方上步，用左拳击打其鼻骨。
3. 我方上右步，闪身，右下劈掌击其肩上部。
4. 我方斜上左步，用左手别其右肘，右手抓其右腕，并将刀夺下。

格斗要点：

距离合适，踢击椅子应迅猛，连续动作要连贯而迅速。

技术之二：

敌方右手持匕首向我方逼近，我方双手拿起椅子。

格斗动作：

1. 我方将椅子置于胸前，以抵挡敌方的逼近。

2. 敌方左手抓住椅子，欲逼近，我方用右腿，截蹬其膝关节。

3. 我方用力将椅子向前顶击其头部，并用右勾踢将其勾倒。

4. 我方举椅下砸敌方头部。

格斗要点：

拿椅前顶要稳，截蹬要准，勾踢要猛。

二、门

技术之一：

我方在房门口，敌方进门。

格斗动作：

1. 敌方进门，我方关门将敌方顶在外面。

2. 我方开门，敌方略向前撞跌，头下垂。

3. 我方左手格抓其右手腕后拉，同时用左顶膝击其腹部。

4. 我方左转身用右肘横击其颈部。

格斗要点：

关门要突然，抓顶要连贯，右横击肘须转髋拧腰而发力。

技术之二：

我方站在房内门口处，敌方由门外向里逼近我方，右手持刀上举，向我方劈来。

格斗动作：

1. 敌方右手持刀，向我方劈来，我方闪身关门，将其手臂夹撞在门柱上。

2. 我方右手抓其右手腕（夺下刀后控制其右手腕）。

3. 我方左手开门，右手拧臂，左手推按其头撞门框。

格斗要点：

闪身关门要及时而猛，夺刀要迅速，拧臂按撞头要连贯。

三、锁链

技术之一：

我方和敌方面对面对峙。

格斗动作：

1. 我方双手握链置于体后，面对敌方站立，当敌方逼近，我方右手持链横扫击其头部。

2. 我方顺势反手横扫其头部。

3. 我方起左腿侧弹踢击其腹部。

格斗要点：

锁链横扫要突然而协调，弹腿踢击要准确。

技术之二：

我方双手持锁链置体前，面对敌方而站立。

格斗动作：

1. 敌方右腿弹踢我方裆部，我方用双手持链下压。

2. 我方右弹腿踢击其裆部。

3. 我方松左手拉其颈部，用左膝前顶其腹部。

4. 我方左脚落地，左手抓住链的一端，上前用链圈其脖，勒其颈。

格斗要点：

锁链下压与圈踝要快速而下拉，上步顶膝与圈勒颈要猛。

四、杯子

我方坐在桌边，敌方逼近。

格斗动作：

1. 我方站立，同时拿杯向敌方泼水并将杯掷过去。

2. 我方左侧踹踢其腹部或下颏。

格斗要点：

整套动作要求突然而准确到位。

五、杀虫剂

当我方面对敌方的逼近，在一定的距离内，使用雾状杀虫剂，向敌方脸面连续攻击，我方可迅速使擒拿格斗技法将敌方制服。如果我方手头有打火机，可在喷口前面打着火，就会成为一个小型火焰喷射，杀虫剂越多，产生的火势就越大。

第十章　捆绑技术

捆绑技术是制服并控制犯罪分子及犯罪嫌疑人的有效方法之一。使用捆绑技术首先要掌握绳结的基本方法，如单结、死结、半结、蛇口、捕轮、及活轮等。常用的捆绑方法主要有大臂捆绑法、手腕捆绑法、手指捆绑法及全身捆绑法。在日常的执勤工作中，可用于捆绑的工具也有不少，如：线绳、麻绳、化纤绳、鞋带、布条、腰带、毛巾、领带、绷带、橡皮膏、细电线等。根据不同的材料可选择不同的捆绑方法。

第一节　绳结的基本方法

一、打结

（一）单结：只打一个扣的结为单结。（图10-1）

（二）死结：先以左手绳压右手绳打一单结，再以右手绳压左手绳打一单结即成死结。（图10-2）

图 10-1　　　　　图 10-2

（三）蛇口：将绳的一端折回15厘米合在一起，在距端10厘米处打一单

结，绳端形成的绳环即为蛇口。（图 10-3）

二、做轮

（一）半轮：将绳折回形成的半环即为半轮。（图 10-4）

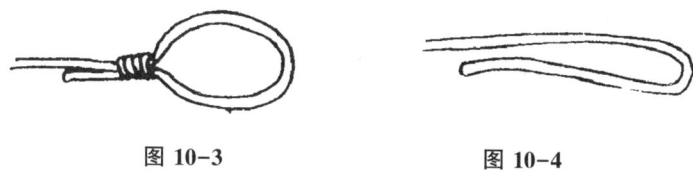

图 10-3　　　　　　图 10-4

（二）捕轮：做好蛇口的绳，将绳的另一端穿蛇口形成的绳环即为捕轮。（图 10-5）

（三）活轮：

1. 两手持绳相距 25 厘米，右手逆时针方向绕至左手下，将绳用左手捏住，使绳成一圆环，右手顺绳向右滑动 25 厘米，再按以上方法做一圆环，使后做的圆环压在先做的圆环上即成活轮。（图 10-6）

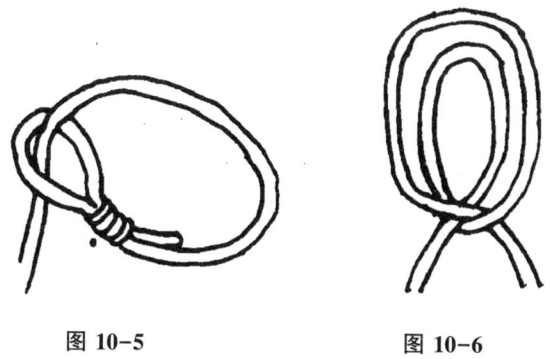

图 10-5　　　　　　图 10-6

2. 两手持绳的中段相距 30 厘米远，然后分别将绳折回形成两个半轮，用左手半轮压在右手半轮上打一单结，然后左手余绳从两绳环中绕过，两半轮打单结形成的两个绳环即为活轮。（图 10-7）

图 10-7

第二节 基本捆绑方法

捆绑可用绳（警绳、线绳、麻绳、化纤绳等）、鞋带、布条、腰带、毛巾、领带、绷带、橡皮膏、细电线等。根据捆绑对象情况的不同及捆绑材料的不同，可选择不同的捆绑方法。

一、大臂捆绑

第一种

令歹徒分腿跪下或俯卧，两肩后张，两臂后背。用长两米左右的绳，绳的一端在其大臂上缠绕成"8"字形，拉紧打一死结，再将另一绳端从颈部绕过在另一大臂上缠绕成"8"字形，与这一绳端打一死结即可。（图10-8）

第二种

令歹徒分腿跪下或俯卧，两肩后张，两臂后背。用一腰带在其大臂上缠绕成"8"字形扣紧即可。（图10-9）

图10-8

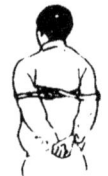
图10-9

二、手腕捆绑

第一种

令歹徒分腿跪下、俯卧或两脚左右大开立，两臂后背，两手腕靠近。将长1.2米的绳做一活轮（即活轮2），使两个绳环分别套在其两个手腕上，然后拉紧，打一死结即可。（图10-10）

第二种

令歹徒分腿跪下、俯卧或两脚左右大开立，两大臂后背，两小臂弯曲并平行，两手腕靠近。将长2.2米的绳做一活轮（活轮2）使两个绳环分别套在其两个手腕上,然后拉紧,打一死结。再把余绳中较长的一根相接,打一死结。再把余绳较长的一根向上提拉,紧贴后背向上从颈前绕过,再向下与余绳中较短的一根相接,打一死结即可。(图10-11)

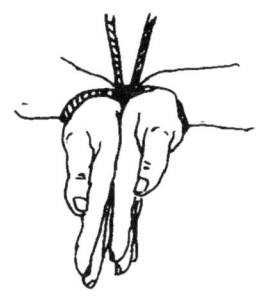

图 10-10

图 10-11

第三种

令歹徒分腿跪下、俯卧或两脚左右大开立。用长2米的绳在一端做一捕轮,套在其右手腕上,拉紧捕轮并将右手腕经体前拉至左肩上,然后将绳逆时针绕颈一圈拉至松紧适中,再将左臂扭至背后,用余绳在其左手腕上缠绕两圈打一死结即可。(图10-12)

三、手指捆绑

第一种

令歹徒分腿跪下、俯卧或两脚左右大开立,两臂后背,两手背相对。用鞋带在其拇指第二节上缠绕数圈后,打一死结,再在其两手腕上缠绕数圈。(图10-13)

图 10-12

图 10-13

第二种

令歹徒分腿跪下、俯卧或两脚左右大开立，两臂后背，两手背相对，五指紧拢。用绳或橡皮膏在其两拇指第二节上紧紧缠绕数圈，然后再在其两小指第三节上紧紧缠绕数圈即可。（图10-14）

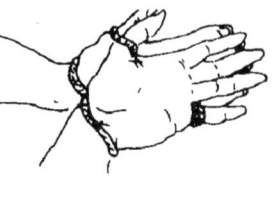

图 10-14

第三种

按前种方法实施后，再从其两手腕上用绳或纱布紧紧缠绕数圈，然后打一死结即可。（图10-14）

四、全身捆绑

第一种

令歹徒俯卧或两脚左右分开站立，我方将一根3至4米长的绳折半套住敌方的颈部，然后将敌两臂拧至背后反剪，两手背相对，两手腕紧贴。将绳子的一端缠绕敌手腕两圈，再用绳子的其余部分在捆腕的绳内圈上绕过并捆住敌拇指。然后将绳子两端合在一起打上结，上提绕过颈部

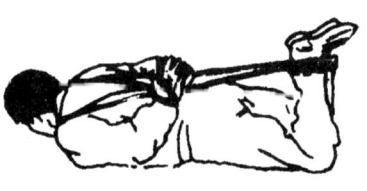

图 10-15

在前侧交叉向后延伸回拉，从缠腕的内圈穿过，将敌两腿向后折叠，用余绳的一端缠绕敌两脚踝处数圈与另一端合在一起打一死结即可。（图10-15）

第二种

将一根2米长的绳的中段打一活结，留在敌颈后侧，先从敌颈后向前缠绕，再在颈前交叉，向颈后分别延伸，将两端分别向背后延伸到腋下，接着从里向外缠绕数圈捆住敌大臂，再将绳子两端的剩余部分横绳勒紧扎在一起。随后将绳的一端穿过颈后的绳孔向后拉紧，用另一端将敌两腕重叠捆住扎紧，再将两段绳子打成结。然后用皮带捆住敌两膝关节，再用鞋带捆住敌两脚踝，可将敌处于坐立或俯卧状。（图10-16）

图 10-16

第十一章 基础训练

第一节 受身抗击

一、倒地练习

(一) 滚动练习

1. 前滚翻

动作过程：

身体自然站立、下蹲；两手向前撑地，两脚蹬地（腿伸直），同时提臀、屈臂和低头，使头后部、背腰和臀部依次着地，当背部着地时，屈膝、团身、两手抱小腿，上体迅速跟大腿，向前滚动成蹲的姿势。（图11-1）

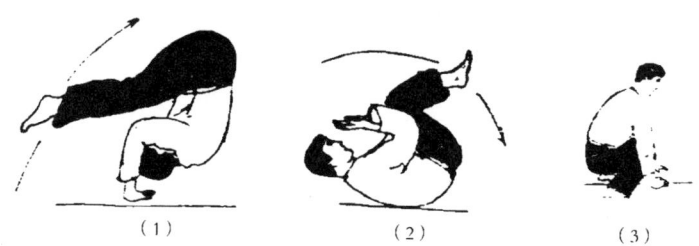

图 11-1

动作要点：

头部后脑着地时，应尽力低头向腹回卷，同时，两脚迅速蹬地。整个动作滚动要圆滑，方向要正。

练习方法：

（1）练习者仰卧姿势开始，抱小腿团身做向后、向前的滚动作。

（2）在斜面上，由高处往低处做前滚翻。

（3）在做练习时，当练习者的头部将要地时，护助者一手托颈，当滚翻至臀部着地时，两手顺势推他的背前送成蹲，从而完成前滚翻练习。

2. 跃起前滚翻

动作过程：

身体自然站立，两臂后举成半蹲姿势，两臂前摆，同时两脚用力蹬地向前上方跃起，当手撑地后，滚冲屈臂，低头屈体前滚，到背肩着地时，迅速团身屈膝，经蹲成直体站立姿势。

动作要点：

屈臂滚冲，低头回卷，肩背依次着地。

练习方法：

（1）在完成前滚翻的基础上，由蹲立姿势开始，两脚蹬地，同时两手向前远处撑地做前滚翻。

（2）由高处的蹲立姿势开始，两手往低处着地做前滚翻动作。

（3）练习者由半蹲式开始向前跃起，护助者站在练习者侧面，一手托他肩部，另一只手托他的腿部。帮助其完成向前滚动和滚冲落地。

（4）做越过一定高度障碍的前滚翻。

（5）由助跑开始，做直跃前滚翻动作，要求腾空高些，落地远些。

3. 侧滚翻

动作过程：

身体自然站立，上身向前倾俯，右脚向上一步，膝关节微弯，左脚跟提起。同时右手顺势前摆向内反转，左手自然垂于左腿外侧且轻轻撑地。眼视右手，上动不停，上身向前倾倒、卷曲，下颌向内收紧，左脚向后蹬出，右臂、右肩、背、右腰部依次着地向前翻摆。头向上顶起、两腿直立站起。（图11-2）

（1） （2） （3）

图 11-2

动作要点：

低头、收颔、含胸、拱背、收腹、团身。向前侧滚翻时，两脚蹬地要有力，翻滚要圆滑，起立要迅速。

练习方法：

（1）放慢动作，分解动作，逐段体会进行练习。

（2）护助者弓步站立，练习者从弓步的后腿上翻过，进行侧滚翻练习。

4. 后滚翻

动作过程：

身体自然站立、下蹲，身体稍向前移，随即两手推地，使身体迅速向后移，接着低头团身向后滚动，同时两手在肩上，手指向后，掌心向上，使臀部、腰和背部都依次着地。当向后滚动至肩和头部着地时，两手迅速用力推地、抬头，两脚着地成蹲撑姿势。（图 11-1）

动作要点：

身体后移应迅速，两腿紧随后移，身体不可挺胸。

练习方法：

（1）两手放在肩上做团身向后、向前滚动。

（2）在斜面上，由高处向低处做后滚翻。

（3）练习者在练习中、当后滚至肩背着地时，护助者站在练习者侧面，两手扶其腰的两侧，向上提拉，帮助其推手和滚翻。

（二）前倒练习

动作过程：

两腿并拢，直体站立，两手成掌，掌心向外，两臂内旋屈肘竖抱于体前，两臂与上体成45°角，形成八字形状。目视前方，身体挺直，两脚跟拔起，直体向前倾倒，用两臂向前拍打地面，身体平直跃于地，用两前臂和两脚趾撑地支住身体。前跌时，也可屈肘以两掌俯撑地面。（图11-3）

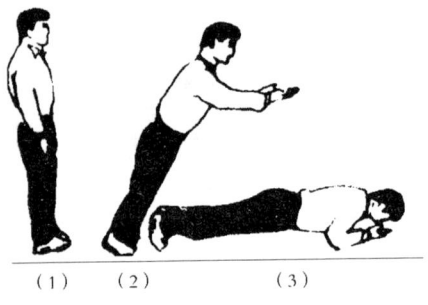

图 11-3

动作要点：

前倒、平跃、支撑均需身体绷直，两腿夹紧，同时头颈部要挺直，含胸、收腹、提肛，身体不可触地，臀部不可上凸，在接触地面时两手应用力拍打地面。

练习方法：

1. 身提俯撑平直，体会倒地时的支撑地面的姿势动作。（图11-4）

图 11-4

2. 练习者弓步站立，前腿后撤，身体前倒，弓步逐步加高。（图11-5）

图 11-5

3. 最后，直体站立，完成前倒练习。

（三）后倒练习

动作过程：

两臂前举，直体站立。两腿屈膝半蹲，上身稍前倾。重心移于左腿，屈膝支撑，脚跟离地，右脚向前抬起弹踢出，脚面自然勾起。上身含胸，两手向上抬起，眼看前下方。下颌内收，上身后倒跌以肩背部着地，两手在体侧向下拍击地面缓冲，右脚向前直腿挺伸，左腿屈膝，脚跟落地。（图11-6）

图 11-6

动作要点：

后倒时，全身要紧缩，下颌内收要紧，上身收紧要裹，肩背倒地的一瞬间迅速舒胸、挺髋，挺伸腿要挺直，脚面绷平，头部与腰臀部不可触地。

练习方法：

1. 平躺或坐立，两臂向下、向两侧鞭打，手掌拍击地面。（图11-7）

图 11-7

2. 后滚倒，当手拍打地面时挺髋，使腰腹部离地。

3. 下蹲后倒，使肩背部着地，同时两手拍打地面。（图11-8）

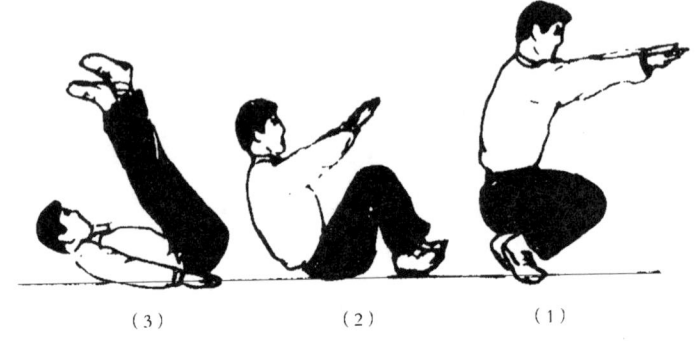

图 11-8

4. 下蹲后倒，左脚向前直腿挺伸，两手拍打地面，肩背部着地。
5. 完整地后仰跌，护助者扶住慢着地，然后，练习者自己独立完成。

（四）侧倒练习

动作过程：

并腿站立，两腿屈膝下蹲，左脚向前擦地滑伸，身体向左侧方倒下，左脚以脚外侧与小腿外侧撑地，左手在身体接触地面前一瞬间，拍击地面缓冲，整个身体顺势后倒，减少冲击。（图 11-9）

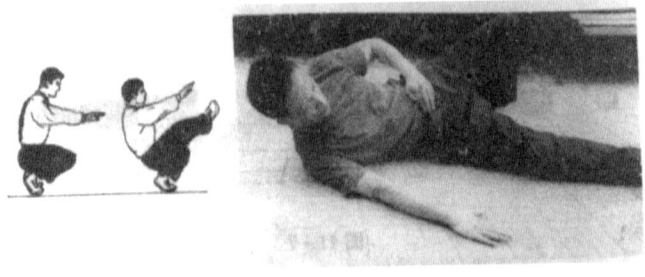

图 11-9

动作要点：

在倒地时，下颏内收，含胸收腹，保持身体的紧张度。

练习方法：

1. 坐于地面，左腿伸直放于体前，右腿屈膝立起，左脚着地，置于体前，上体向左侧后倒，以左肩背着地，右手置于腹前。

2. 深蹲后，右腿突然向体前伸出，上体向左侧后滚动，以左侧臀部、左侧肩部着地，同时左手拍击地面。

3. 并腿站立，突然垂直下蹲，下蹲的同时左腿向体前直腿伸出，然后以上体的左侧着地，同时左手拍击地面。

4. 自然站立，完整地完成侧倒练习。

二、抗击练习

（一）自磕练习

动作过程：

练习者两脚平行站立，两手握拳，两臂稍屈肘交叉置于体前，然后两臂上下磕碰。另外，练习者也可单腿站立，屈膝提起一腿，用脚后跟磕碰支撑腿的胫骨面，然后用脚背磕击支撑腿的小腿部。

动作要点：

用力均匀，上下边磕边移动。

练习方法：

击打与按摩结合起来进行。

（二）靠臂

动作过程：

两人面对面站立，相距一臂距离。第一靠：双方同时右转，带动右臂向前摆相磕于体前；（图 11-10）第二靠：双方同时屈臂外旋，自下而上，相磕于胸前；（图 11-11）第三靠：双方同时伸臂内旋，自上而下，两臂相磕于腹前。左手动作与之相同。左右交换反复练习。（图 11-12）

图 11-10

188 ◀▷ 保安防卫技能

图 11-10（A）

图 11-11

图 11-12

动作要点：
以腰带臂，沉肩含胸，磕臂的瞬间保持手臂紧张。
练习方法：
以腰带身，在接触的即刻保持肌肉紧张度。

（三）靠腿

动作过程：

两人两脚左右分开（同肩宽），两手叉腰，面对面站立，相距约一腿距离。（图11-13）

第一靠：双方同时用右脚向左上方踢起，再向右下方做弧形摆，并以右小腿外侧猛力相碰，双方左脚略屈膝站稳。（图11-14）

第二靠：双方用右脚向左、向下、向右、向上、再向左弧形绕行，并以右小腿内侧猛力相碰，双方左腿保持屈膝姿势。（图11-15）

图 11-13

图 11-14

图 11-15

第三靠：双方用右脚向右、向下、向左、向上、再向右上方弧形外摆腿，并以右小腿外侧猛力相碰，脚高与胸平，双方左腿仍保持屈膝姿势。左腿动作与之相同，左右交换反复练习。（图11-16）

动作要点：

上体保持垂直，支撑腿保持一定的弯曲度，控制好身体的平衡。

练习方法：

由慢到快，由轻到重，由低到高。

（四）排打练习

动作过程：

练习双方面对面站立（或侧对站立），一方两手握拳，屈臂体前举，另一方

图 11-16

用拳脚直红击打对方胸部、腹部，以及用手臂和脚弧线击打对方两肋、背部、手臂及腿部。（图 11-17）

图 11-17（1）

图 11-17（2）

图 11-17（3）

图 11-17（4）

动作要点：

躯干受击时，受击者应在对方接触的同时呼气憋气，肌肉紧张；手臂和腿部受击时，受击者在对方接触的同时，配合身体的转动，略化解受击之力。

练习方法：

由慢到快，由轻到重，由低到高。

第二节　格斗拳

一、动作名称

第一段

预备式（图 11-18）
1. 左格斗式（图 11-19）

图 11-18

图 11-19

2. 震脚顶肘（图 11-20）
3. 骑龙步右直拳（图 11-21）

图 11-20

图 11-21

4. 提膝左推掌（图 11-22）

5. 马步右直拳（图 11-23）

图 11-22

图 11-23

6. 骑龙步左推掌（图 11-24）
7. 格挡右直拳（图 11-25）
8. 右弹腿直拳（图 11-26）
9. 马步左格挡（图 11-27）
10. 弓步左格挡（图 11-28）
11. 右震脚下格挡左侧踹腿（图 11-29）

图 11-24

图 11-25（1）

第十一章　基础训练　193

图 11-25（2）

图 11-26（1）

图 11-26（2）

图 11-27（1）

图 11-27（2）

图 11-28（1）

图 11-28（2）

图 11-28（3）

图 11-29（1）

图 11-29（2）

12. 弓步右直拳（图 11-30）

13. 滑步左直拳（图 11-31）

14. 滑步右上勾拳（图 11-32）

15. 滑步左摆拳（图 11-33）

16. 滑步右横击肘（图 11-34）

17. 回身马步横砍掌（图 11-35）

第二段

18. 弓步左直拳（图 11-36）

19. 左正蹬腿（图 11-37）

20. 右摆拳（图 11-38）
21. 右侧弹腿（图 11-39）

图 11-30

图 11-31

图 11-32

图 11-33

图 11-34

图 11-35

图 11-36

图 11-37

22. 左直拳（图 11-40）

23. 抓腕压肘（图 11-41）

24. 左格斗式（图 11-42）

25. 右直拳（图 11-43）

26. 左插掌后顶肘（图 11-44）

27. 跪步右推掌（图 11-45）

图 11-38

图 11-39

图 11-40

图 11-41（1）

图 11-41（2）

图 11-41（3）

图 11-42

图 11-43

图 11-44

图 11-45

28. 右横顶膝双砍掌（图 11-46）
29. 弓步左挑肘（图 11-47）
30. 弓马步直拳连击（图 11-48）
31. 跪步右平勾拳（图 11-49）
32. 左格斗式（图 11-50）

图 11-46

图 11-47

图 11-48（1）

图 11-48（2）

图 11-49

图 11-50

33. 收式（图 11-51）

图 11-51

二、动作说明

第一段

预备式：两脚并立，两腿伸直，两臂自然下垂，两手掌各贴于裤缝，挺胸收腹，身体正直，目视前方。（图 11-18）

1. 左格斗式

动作过程：

右腿向后撤一步，脚间距一脚半宽，左腿不动，两腿微屈；同时右掌变拳由体侧收于右腭下，源心向里，屈肘夹臂，左掌变拳拳从体侧以拳领先向左前方推出,拳心朝右斜下方,大小臂弯曲 90°,手臂与身体夹角为 45°,成左格斗式;微收下颏,上体成 45°侧向正前方,重心略偏右腿,两眼注视前方。(图 11-19)

动作要点:

左拳与鼻同高,含胸、沉肩;出拳、拧腰同步完成。

动作用途:

注视对方,准备进攻或防守。

2. 震脚顶肘

动作过程:

重心前移,右腿屈膝向正前方提起,然后右脚脚跟向下用力震地,贴近左脚踝,身体重心下降,两膝合并且弯曲 135°;同时两拳向左预摆,然后经胸前向右划弧,右拳收到腰成抱拳状,拳心向上,屈肘夹臂,肘用力后顶;左拳以拳面领先向右横击至胸前,屈肘 45°,肘尖指向正前方,拳心向下,手臂与身体之间夹角 90°;上体中正,两眼平视前方。(图 11-20)

动作要点:

震脚力达全脚掌,两脚尖合并。后顶肘时,力达肘尖,横击肘时,拧腰发力,力达肘尖。沉肩、收腹、敛臀。

动作用途:

顶击后方来人及横击对方的胸、腹部。

3. 骑龙步右直拳

动作过程:

左腿横迈一步,稍用力向下震脚,膝左摆,屈膝半蹲,右膝微屈向左内扣,大小腿弯曲 135°,脚跟提起,两脚尖稍内扣 45°,成左骑龙步;同时左拳由胸前收至左胯下,拳心向里,屈肘夹臂,右拳从腰间变立拳直线向正前方冲出,大小臂弯曲 135°,拳平与肩,拳心向左;上体左转,微收下腭,重心在两脚之间,两眼注视出拳方向。(图 11-21)

动作要点:

两脚间距约三脚长,右膝不得贴地;转体、出拳协调一致,出拳使用爆发力,力达拳面。

动作用途:

主要攻击对方腹部。

4. 提膝左推掌

动作过程：

身体重心渐移至左腿且上升，左腿微屈支撑，右脚提膝，大小腿折叠45°，绷脚尖内扣；同时左臂稍内旋，左拳变横掌向正前方推出，臂微屈，掌根平与肩，掌心稍外翻，指尖向右，右拳直接回收到右腭下，拳心向里，屈肘夹臂；微收下颏，上体稍右拧，两眼注视推掌方向。（图11-22）

动作要点：

转体拧腰、提膝、推掌协调一致；右脚五趾头紧抓地，稳立支撑，右提膝至腰，出掌使用爆发力，力达掌外沿；沉肩、含胸。

动作用途：

主要攻击对方头面部及胸部。

5. 马步右直拳

动作过程：

右脚向右侧落下且稍用力向下震脚，重心下降，两腿屈膝半蹲且在一条直线上，大小腿弯曲135°，两脚尖指向正前方，成马步状；同时左拳回收于在腭下，拳心向里，曲肘架臂；右拳从腭下向正前方直线冲出，拳平与肩；上体中正，重心在两脚之间，两眼平视前方。（图11-23）

动作要点：

两脚间距略比肩宽，马步和骑龙步距离相等；马步、冲拳同步完成，转体拧腰、腿摆转、出掌协调一致；砸拳击响，出掌使用爆发力，力达掌外沿。

动作用途：

主要攻击对方腹胸部。

6. 骑龙步左推掌

动作过程：

然后两膝右摆，成右骑龙步状；同时左拳从腭下变掌，以立掌向正前方推出，掌根平与肩，臂微屈，右拳回收于右腭下，拳心向里，屈肘夹臂上；体右转，微收下腭，重心在两脚之间，两眼平视出掌方向。（图11-24）

动作要点：

两脚间距略比肩宽，马步和骑龙步距离相等；马步、砸拳同步完成，转体拧腰、腿摆转、出掌协调一致；砸拳击响，出掌使用爆发力，力达掌外沿。

动作用途：

主要攻击对方腹胸部。

7. 格挡右直拳

动作过程：

7.1 马步上格挡

身体重心稍起，左脚向正前方迈一步，成马步状；同时左掌变拳，以肘关节为点，小臂内旋，由右下向上划弧成左格挡，拳心朝右斜下方，左手与左脚在同一平面，右拳仍收于右腭下，重心在两脚之间，拳面与鼻同高；上体右转，重心稍偏右腿，两眼注视格挡方向。（图11-25（1））

7.2 左弓步右直拳

然后上体左转，两膝左摆，右膝蹬伸，脚跟蹬地，脚尖内扣45°，左腿屈膝半蹲，大小腿弯曲135°，脚尖向左摆转90°指向正前方，成左弓步状；同时左拳迅速收于左腭下，拳心向里，屈肘夹臂，右拳从腭下变平拳向正前方直线冲出，拳平与肩，拳心向左；微收下腭，重心在两腿之间，两眼注视出拳方向。（图11-25（2））

动作要点：

两腿间距略宽于肩，格挡、冲拳、马步、弓步变换明显，协调一致，干脆利落；左格挡以小臂外侧为着力点，小臂略伸，肘尖垂直于地面，转腰发力、蹬地、出拳同步完成；出拳使用爆发力，力达拳面。

动作用途：

主要防守侧面拳腿攻击和还击对方头面部。

8. 右弹腿左直拳

动作过程：

8.1 右弹腿

身体重心前移左腿上，左腿微屈支撑，右腿屈膝正提起，绷脚背，大腿带动小腿，由下向上前弹起；同时脚尖稍左转，两手随动作变化自然回收体的两侧，上体中正；两眼注视出腿方向。（图11-26（1））

8.2 右弓步左直拳

然后右腿自然下落在前且微屈半蹲，脚尖朝正前方，左膝蹬伸，脚跟蹬地，脚尖外摆45°，大小腿弯曲135°，成右弓步状，上体右拧；同时左拳以平拳向正前方直线出击，拳平与肩，拳心向下，右拳收回右腭下，拳心向里，屈肘夹臂；微收下腭，重心在两脚之间，两眼注视出拳方向。（图11-26（2））

动作要点：

弹腿时，右腿先屈膝，大小腿叠紧，再送髋挺膝绷脚，甩小腿弹出，力达脚尖或脚背；脚平与腰，上体不能后仰；弹腿、出拳依次使用爆发力。

主要弹击对方腹、裆部。

9. 马步格挡

9.1 马步下格挡

动作过程：右脚向右侧后方撤步，身体重心稍下降，成马步状；同时左拳从前回带，屈肘置于左肩前，当左脚上步落地，成马步瞬间，左拳甩臂向左斜下方劈格，拳心向后，手臂与身体夹角45°，右拳不动，头左转；上体保持中正，微收下颏，重心在两脚之间，两眼注视下格挡方向。（图11-27（1））

9.2 马步上格挡

原地保持马步姿势，左臂紧接以肘关节为点，小臂向外旋，由左下向上划弧成左格挡，拳心朝右斜下方，大小臂弯曲135°，手臂与身体夹角约45°，拳面与鼻同高；微收下颏，重心在两脚之间，两眼注视格挡方向。（图11-27（2））

动作要点：

两脚间距宽于肩，拧腰发力；上下格挡以臂外侧为着力点劈格，肘尖垂直于地面；含胸，收腹，敛臀。

动作用途：

主要防守侧面拳腿攻击。

10. 弓步左格挡

动作过程：

10.1 左弓步右直拳

两膝左摆，成左弓步状，上体左转；同时左掌回收左腭下，拳心向里，屈肘夹臂，右拳从肋下变平拳向正前方直线冲出，拳平与肩，拳心向下；微收下颏，

重心在两脚之间，两眼注视出拳方向。（图 11-28（1））

10.2　马步左直拳

接着上体右转，头不动，两腿右摆，成马步状；同时右拳回收到右腭下，拳心向里，屈肘夹臂，左拳从肋下变平拳直线向左侧方冲出，拳平与肩，拳心向下；微收下颏，重心在两脚之间，两眼注视出拳方向。（图 11-28（2））

10.3　左弓步右直拳

与第 7、2 动作相同，方向相反。（图 11-28（3））

动作要点：

弓步、马步两脚之间距离相同（宽于肩），转髋拧腰蹬地发力，直拳连击路线分明，出拳使用爆发力；弓步、马步变换时，脚尖摆转成形明显，重心起伏在一条水平线上。

动作用途：

主要连击对方腹、胃、肋部。

11. 右震脚下格挡左侧踹腿

动作过程：

11.1　右震脚下格挡

身体重心移于左腿，右腿提膝，右脚脚跟用力向下震地，膝外展，右脚跟贴近左脚跟，脚尖指向斜前方 45°，两腿微屈，大小腿弯曲 135°；同时右臂折叠于胸前，肘尖朝前，回身右拳由肩向右下经胸前（划弧）劈格，手臂与身体夹角都为 45°，拳心向下，成下格挡状，左拳由左腭下送臂屈肘经胸置于右肩前，拳心向里，手臂与身体夹角都为 90°；上体、头右转，重心在两腿之间，两眼注视右侧下方。（图 11-29（1））

11.2　左侧踹

随之，重心移向右腿，右腿微屈支撑，左腿屈膝上抬，抬至胸前，勾脚尖，小腿外摆，脚掌外翻，以脚掌领先挺膝向左侧方踹出，头左转；同时右脚尖稍右转，右拳由下向上收到右肋下，拳心向里，屈肘夹臂，左拳从右肩前变平拳向左前方甩小臂击出，臂与腿呈一条水平线，拳心向下，上体稍右倾斜，微收下颏，两眼注视踹击方向。（图 11-29（2））

动作要点：

震脚、转体、转头、下格挡协调一致，震脚力达全脚掌；踹腿、甩臂出击上下配合顺力，踹腿时，展髋，力达脚跟，脚高于腰，左臂和左腿在同一平面上。

动作用途：

主要防守对方在侧面对下肢的攻击和反击对方胸、腹、裆、膝部。

12. 弓步右直拳

动作过程：

左腿向左前方直落下，成左弓步状，上体左转；同时左拳收于左腭下，拳心向里，屈肘平臂，右拳以平拳向正前方直线冲出，臂平与肩，拳心向下；微收下颏，重心在两脚之间，两眼注视出拳方向。（图11-30）

动作要点：

两脚间距宽于肩，转髋拧腰蹬地发力，右脚全脚掌着地，出拳使用爆发力。

动作用途：

主要攻击对方腹胸部。

13. 滑步左直拳

动作过程：

身体重心稍上升，右脚跟提起，以前脚掌蹬地推动左脚向前方没动半步，左脚尖内扣45°，与右脚尖指向同一方向，两腿微屈，上体右转；同时右拳收于右肋下，拳心向里，屈肘夹臂，左拳心以平拳向正前方直线冲出，拳平与肩，拳心向下；上体稍右转，微收下颏，重心在两脚之间，两眼注视出拳方向。（图11-31）

动作要点：

左脚尖内扣45°角向前滑动，左脚滑动和左拳出击同步完成；出拳时，拳在接近目标瞬间用爆发力。

动作用途：

主要攻击对方上体及头部。

14. 滑步右上勾拳

动作过程：

右脚跟进半步，前脚掌向下碾地，两脚尖仍保持原角度，两腿微屈；同时右拳由下向上勾起，旋小臂拳心向里，大小臂弯曲135°，手臂与身体夹角为45°，

左拳收于左肋下；上体稍左转，微收下颏，重心在两脚之间，两眼注视勾拳方向。(图11-32)

动作要点：

左脚向前滑动的距离与右脚跟近的距离相同，右腿跟进与上勾拳动作同步完成，勾拳时，右脚蹬地转腰发力，扣膝，力达拳面，拳面与鼻同高，使用爆发力；右脚跟仍提起。

动作用途：

主要攻击对方头面部。

15. 滑步左摆拳

动作过程：

身体重心稍上升，右脚跟仍提起，以前脚掌蹬地推动左脚向前方滑动半步，两脚尖仍保持原角度，两腿微屈；同时右拳回收到右腮下，拳心向里，屈肘夹臂，左拳拳心向里、向斜前45°伸出，伸至大小臂弯曲135°，抬肘向里、向前横惯；上体右转，微收下颏，重心在两脚之间，两眼注视出拳方向。(图11-33)

动作要点：

左脚滑动和左摆拳同步完成；摆拳时，力从腰发，腰绕纵轴转动，肩、肘、腕基本成水平，力达拳峰，爆发用力。

动作用途：

主要攻击对方头侧面、颈、胸部等。

16. 滑步右横击肘

动作过程：

右脚跟进半步，脚跟落地，两脚尖角度保持不变，两腿微屈；同时右拳从腰下以肘尖领先由右向左里横平击，大小臂折叠45°，拳心向下，手臂与身体夹角90°，肘尖朝正前方，左拳变掌以掌以拍击右小臂，大小臂折叠，手臂紧贴左肋，置与胸前；上体左拧，重心略落在左脚，两眼注视正前方。(图11-34)

动作要点：

左脚向前滑动的距离与右脚跟近的距离相同，右脚跟进与横击肘动作同步完成；横击肘时，右脚蹬伸转腰发力，力达肘尖，使用爆发力；右脚全脚掌落地。

动作用途：

主要顶击对方腹、胸、颈部。

17. 回身马步横砍掌

动作过程：

右脚向右侧退半步，成马步状；同时左掌收于左腮下，右拳变掌甩小臂向右横砍，掌心向下；上体、头右转，微收下颏，重心在两脚之间，两眼注视横击方向。（图11-35）

动作要点：

转体、横击、转头同步完成；横击时，以肩带肘掌平砍出，力达掌尖或掌外沿，使用爆发力，掌与肩平；含胸，沉肩，收腹，敛臀。

动作用途：

主要横切对方头侧、颈部。

第二段

18. 弓步左直拳

动作过程：

两膝外摆，两脚尖摆转45°，微屈支撑，左脚跟提起，脚尖碾地，上体右转；同时右掌变拳回收到右腮下，拳心向里，屈肘平臂，左拳从腮下以平拳向正前方小臂直线冲出，拳平与肩，拳心向下；微收下颏，重心在两脚之间，两眼注视出拳方向。（图11-36）

动作要点：

以转髋拧腰蹬地发力，出拳使用爆发力。

动作用途：

主要攻击对方胸部。

19. 左正蹬腿

动作过程：

身体重心前移于右腿，微屈支撑，脚尖指向正前方，左腿屈膝正前方提起，勾脚尖，以脚跟领先挺膝向前蹬出；同时右脚尖稍右转，左拳回收体侧，两臂自然在两侧摆动，上体稍右转，两眼注视出腿方向。（图11-37）

动作要点：

蹬击时，左大小腿叠紧，送髋、挺膝直线蹬出，力达脚跟，使用爆发力；脚高过腰低于胸。

动作用途：

主要攻击对方腹、胸、肋、腰背部。

20. 右摆拳

动作过程：

左腿向前自然下落，脚尖内扣45°，身体重心前移，右脚跟提起，以前脚掌蹬地向前跟进半步，脚尖指向右45°，两膝微屈，上体稍左转；同时左拳收于左腭下，拳心向里，屈肘夹臂，右拳拳心向里、向斜前45°伸出，大小臂弯曲135°。抬肘向里、向前横惯；微收下颏，重心在两脚之间，两眼注视出拳方向。（图11-38）

动作要点：

左脚滑动和右摆拳同步完成；摆拳时，力从腰发，腰绕躯干比纵轴转动，肩、肘、腕基本成水平、力达拳峰，使用爆发力；右脚跟仍提起。

动作用途：

主要攻击对方头侧部、颈部。

21. 右侧弹腿

动作过程：

身体重心前移于左腿，微屈支撑，脚尖左摆转90°，指向正前方，右腿屈膝斜前提起，向上向里扣膝，大腿带动小腿由屈到伸向里弹击，绷脚尖，身体左转；同时右拳回收于体侧，左拳不动；上体稍左倾斜，两眼注视出腿方向。（图11-39）

动作要点：

起腿时，右大小腿叠紧提起；弹击时，拧腰辗髋，绷紧脚背，力达脚背及小腿下端，脚高过腰，使用爆发力。

动作用途：

主要攻击对方上体、头侧部。

22. 左直拳

动作过程：

右腿向前自然下落，左脚以前脚掌蹬地向前跟进半步，脚跟提起，两脚尖内扣 45°。两膝微屈，上体右转；同时右拳置于右腭下，拳心向里，屈肘夹臂，左拳从腮下以平拳向正前方直线冲拳平与肩，拳心向下；微收下腭，重心在两脚之间，两眼注视出拳方向。(图 11-40)

动作要点：

以转髋拧腰蹬地发力，右脚全脚掌着地，出拳使用爆发力。

动作用途：

主要攻击对方腹胸部。

23. 抓腕压肘

动作过程：

23.1 叉步抓腕

左脚向右后方退插一步成叉步，脚跟提起，重心略偏向右脚，两腿微屈，大小腿弯曲 135°，身体左转；同时两臂前举于右侧，左拳变掌向右腋下插进，掌心向下，右拳屈臂向里回带，大小臂弯曲 90°，拳心向里；重心在两脚之间，两眼平视右前方向。(图 11-41（1）)

23.2 弓步压肘

紧接右脚向右侧退一步，成左弓步状；同时左手以掌领先，腕关节为点，右掌心外翻，由右向左旋臂经脸前（划弧）做抓腕动作，掌变拳，再收于腮下，拳心向里，屈臂夹肘；右由上向下在胸前做下砸压，拳心向上，大小臂弯曲 90°，手臂与身体夹角为 45°；上体左转，微收下颌，重心在两脚之间，两眼注视砸压方向。(图 11-41（2）（3）)

动作要点：

插步、抓腕、砸压、转腰、蹬地动作的配合协调顺力，砸压时，以腰发力，右脚全脚掌落地，脚跟蹬地，力达小臂及拳面，爆发用力。

动作用途：

主要抓臂压肘别摔对方。

24. 左格斗式

动作过程：

两腿原地支撑，脚间距不变，左腿保持原姿势，右腿变曲 135°；同时右拳由胸前收于右腭下，拳心向里，屈肘夹臂，左拳从肋下以拳领先向左前方推出，拳心朝右斜下方，大小臂弯曲90°，手臂与身体夹角为45°，头左转，成左格斗式；上体右转，微收下颏，上体中正，重心略偏右腿，两眼注视左前方。（图11-42）

动作要点：

左拳与鼻同高，出拳、拧腰、转头同步完成。

动作用途：

主要注视对方，准备进攻或防守。

25. 右直拳

动作过程：

身体重心稍上升，左脚不动，右脚跟提起以全脚掌蹬地向前跟进半步，膝内扣，两脚尖内扣，两腿微屈，上体左转；同时左拳由前收回左肋下，拳心向里，屈肘夹臂，右拳从腭下变拳直线向正前方冲出，拳平与肩，拳心向下；微收下颏，重心在两脚之间，两眼注视出拳方向。（图11-43）

动作要点：

蹬地、拧腰、出拳同步完成，出拳使用爆发力，力达拳面。

动作用途：

主要攻击对方腹胸、胃部。

26. 左插掌后顶肘

动作过程：

右脚向前迈一步，屈膝斗蹲，大小腿弯曲135°，左腿蹬伸微屈，左脚脚跟提起，两脚尖指向正前方，重心略偏向右腿；同时右手以肘领先向右后方顶击，大小臂折叠45°，手臂与身体夹角90°，拳心向下，左拳从腭下变掌向正前方直线插击，掌心向下，指尖朝前；上体稍右转，两眼注视插掌方向。（图11-44）

动作要点：

上步、插掌、后顶肘同时完成，后顶肘以最大限度向后顶击，力达肘尖，插掌速度快，使用爆发力，力达掌尖。

动作用途：

主要顶击后方来人的胸、腹部和插击对方眼、喉部。

27. 跪步右推掌

动作过程：

左脚向前迈一步，屈膝半蹲，右腿弯曲，两大小腿折叠90°，脚跟提起，膝触地，两脚尖指向正前方，重心下降，成左跪步状；同时左掌变拳由前收于左腮下，拳心向里，屈肘夹臂，右拳从腮下变立掌向正前方直线推出，平与肩，掌心稍向左；上体稍左拧，微收下颏，重心略偏于右腿，两眼注视出掌方向。（图11-45）

动作要点：

右膝贴地，推掌时，力从腰发，使用爆发力，力达掌外沿，臀部不能贴住右脚跟。

动作用途：

主要推击对方头、腹、裆部。

28. 右横顶膝双砍掌

动作过程：

身体重心上升且前移于左腿，微屈支撑，脚尖外展45°，右腿屈膝，收髋上抬，大小腿折叠夹角为45°，小腿外翻，大腿上抬，以膝关节领先由右向上前方顶击，绷脚尖；同时左拳变掌，掌心向上，右掌掌心向下向左手靠拢，两臂向左上方微屈肘斜伸出，两掌之间距离两掌宽，两指尖朝左上方，当顶膝瞬间，双掌由左上方向右下方经胸前甩小臂砍击，两大小臂弯曲135°，身体顺势向右拧转，上体稍左倾，两眼注视砍击方向。（图11-46）

动作要点：

顶膝、砍击、拧腰三支作用步完成；顶膝时，小腿上抬，大小腿接近水平，力达膝尖，膝不低于腰，双砍掌时，力从腰发，力达掌外沿，使用爆发力。

动作用途：

主要顶击对方腹部和砍击其头、颈部。

29. 弓步左挑肘

动作过程：

右腿向右侧前方落下，成右弓步状；同时右掌变拳收于右腮下，拳心向里，屈肘夹臂，左掌变拳屈肘，大小臂折叠45°，拳心朝右，以肘领先向前上方挑击，手臂与身体的夹角大于90°；上体右转，微收下颏，重心在两脚之间，两眼注视挑肘方向。（图11-47）

动作要点：

挑肘时，以腰发力，肘贴紧左耳侧，小臂不得高于眼睛，力达肘端，使用爆发力。

动作用途：

主要攻击对方下颌。

30. 弓马步直拳连击

动作过程：

30.1 左弓步右直拳

左腿向前迈一步，成左弓步状，上体左转；同时左肘尖下收，左拳回收到左腮下，拳心向里，屈肘夹臂，右拳从腰下变平拳直线向正前方冲出，拳平与肩，拳心向下；微收下腮，重心在两脚之间，两眼注视出拳方向。（图11-48（1））

30.2 马步左直拳

接着上体右转，头不动，左右膝右摆，成马步状；同时右拳回收到右肋下，拳心向里，屈肘夹臂，左拳从腰下变平拳直线向左前方冲出，拳平与肩，拳心向下；微收下颏，重心在脚之间，两眼注视出拳方向。（图11-48）（2））

动作要点：

弓步、马步两脚之间距离相同（宽于肩），转髋、拧腰、蹬地发力，直拳连击路线分明，出拳使用爆发力，左弓步时，右脚全脚掌着地，脚跟蹬地。两个动作协调变换，有节奏感。

动作用途：

主要连击对方腹、胃、肋部。

31. 跪步右平勾拳

动作过程：

两腿原地支撑，脚间距不变，两膝左摆，重心下降，成左跪跪步状；同时左拳由左侧收于左腮下，拳心向里，屈肘夹臂，当右脚蹬地、拧腰时，右拳从腰下以拳面领先，送肘，由右向左横向平击，置于胸前，大小臂弯曲90°，手臂与身体夹角90°；上体左转，微收下颏，重心在两脚之间，两眼注视横击方向。（图11-49）

动作要点：

右膝贴地，平勾时，力从腰发；蹬地、拧腰，使用爆发力，力达拳面；臀部不能贴住右脚跟。

动作用途：

主要攻击对方腹、胸、腰、肋部。

32. 左格斗式

动作过程：

右腿向后撤一步，脚间距一脚半宽，左腿保持原姿势，两腿微屈；同时左拳从腰间以拳领先向左前方推出，拳心朝右斜下方，大小臂弯曲90°，手臂与身体夹角为45°，右拳由胸前收于右肋下，拳心向里，屈肘夹臂，成左格斗式；微收下颏，上体中正，重心略偏右腿，两眼注视前方。（图11-50）

动作要点：

左拳与鼻同高，含胸、沉肩；出拳、拧腰同步完成。

动作用途：

主要注视对方，准备进攻或防守。

收式：右脚向左脚并拢；同时两拳变掌自然下垂于体侧，贴于裤缝，挺胸收腹，两眼平视前方，成并步式站立。（图11-51）

三、练习方法

格斗拳的学练习应由易到难由浅入深，循序渐进的原则进行，一般它分为四个阶段、五个步骤。

（一）阶段

第一阶段：

基本素质练习；基本技术练习。本阶段的目的是发展练习者的专门基本素质，主要发展身体的柔韧素质和调素质；掌握基本格斗技术。

第二阶段：

组合练习。以两个前后动作串联为小组合，练习熟练后，再以前后5或6个动作为大组合。本阶段的目的是掌握动作的组合技术，发展技术的协调完成能力。

第三阶段：

分段练习。以10或11个动作为一段，依次排列，共分三段。本阶段的目的是进一步发展技术动作的协调性、耐力性,并发展动作完成的劲力发送和节奏控制能力,掌握动作节奏感,突出个人风格。

第四阶段:

组合、分段和整套的综合交叉练习。本阶段的目的是进一步强化动作的规格要求、劲力和节奏;掌握体力的分配技巧;提高演练习的精神、气质表现。

(二) 步骤

第一步骤:

弄清动作的方向路线,理解动作的实战攻防含意。

第二步骤:

掌握单个动作姿势准确和规范。

第三步骤:

组合动作,使动作贯穿完整、协调。

第四步骤:

掌握动作的劲力、节奏、精神、眼法等技巧。

第五步骤:

综合体验、理解,达到神形兼备、内外合一的要求。

第三节 攻防对练

攻防对练是防卫技能掌握和提高所不可缺少的一部分,它是根据人体运动系统及其规律而编排的一些攻防训练方法,通过经常的攻防训练,能形成一定的条件反射,从而在实际防卫中能自然、有效地发挥其作用。

一、直拳攻防

甲、乙双方面对面格斗姿势站立,目视对方。(图11-52)

动作过程:

甲:用右直拳击打乙头面部。(图11-53)

乙:扣闪,同时以右手臂格挡甲右手臂外侧,并以手掌向下扣搂,同时左手也向下扣搂甲右小臂,随之以右直拳击打甲头面部。(图11-54、55)

图 11-52

图 11-53

图 11-54

图 11-55

甲：用同样的方法，做防守并再以右直拳反击乙头面部。（图 11-56、57）

图 11-56

图 11-57

随之，以此反复练习。

动作要点：

进攻要探身，防守要后仰，以身带手，攻防要协调一致。

二、摆拳攻防

甲、乙双方面对面以格斗姿势站立，目视对方。（图11-52）

动作过程：

甲：用左摆拳击打乙右侧头部。

乙：用右手臂格挡甲左拳。（图11-58）

甲：再用右摆拳击打乙左侧头部。

乙：迅速下潜闪，并向左转体，重心移至左腿，闪过甲右摆拳。随之，左脚蹬地，右转体，以左摆拳还击甲右侧头部。（图11-59）

图11-58　　　　　　　　　　图11-59

甲：用右手臂格挡乙左拳。（图11-60）

乙：再以右摆拳击打甲左侧头部。

甲：同样做下潜闪，闪过乙右摆拳后再做反击。（图11-61）

图11-60　　　　　　　　　　图11-61

随之，循环往复进行练习。

动作要点：

双手握拳始终放于头两侧，两肘内夹，下潜闪、转体、摆拳要连贯。

三、组合拳攻防

甲、乙面对面格斗姿势站立，目视对方。（图 11-52）

动作过程：

甲：用右劈拳击打乙头部。

乙：以左手臂向上格挡来拳，并用右勾拳击打甲腹部。（图 11-62）

甲：迅速收腹闪躲，同时左手臂下格挡乙右手臂，随后以右手掌下搂乙右手臂，用左摆拳击打乙右侧脸部。（图 11-63、64）

图 11-62

图 11-63

乙：快速侧闪躲，并用左手拍击甲左拳。（图（11-65）

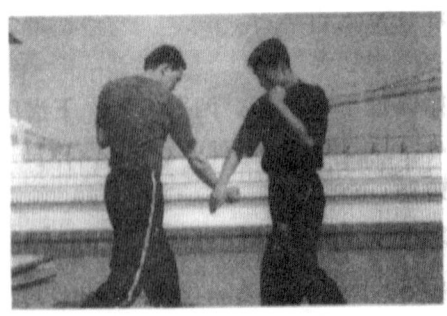

图 11-64

图 11-65

甲：再以右摆拳击打乙左侧脸部。

乙：再以右手拍击甲右拳，随即，用左勾拳击打甲的右肋部。（图11-66）

甲：迅速收腹后闪，同时用右手臂向下格挡乙左拳。（图11-67）

图 11-66

图 11-67

乙：用右劈拳击打甲头部。（图11-68）

甲：再以乙同样的方法用左手臂向上格挡。

随之，循环往复进行练习。

动作要点：

两拳不离胸，两肘不离肋。不要僵硬，柔中有刚。前后动身，以身带手。

四、抢掌攻防

甲、乙面对面以格斗姿势站立，目视对方。（图11-52）

动作过程：

甲：用左手掌甩击乙的右侧脸部。

乙：以左手掌向右拍击甲的左掌（图11-69）

图 11-68

图 11-69

甲：再用右手掌甩击已的左侧脸部。

乙：以右手向左拍击甲的右掌。（图 11-70）

甲：右掌由右向下、向左、向上做绕转环，用右掌背甩击乙的右侧脸部。

乙：以右手臂格挡甲右反掌，同时用右手向下掳刨甲右手臂，并以左手掌甩击甲的右侧脸部。（图 11-71、72）

甲：迅速侧后闪，以左手拍击乙的左掌。（图 11-73）

乙：再用右掌甩击甲的左侧脸部。

图 11-70

图 11-71

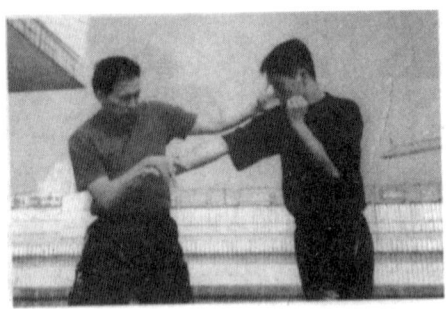

图 11-72

图 11-73

甲：以右手向左拍击乙的右掌。（图 11-74）

乙：右掌由右向下、向左、向上做绕转环，用右掌背甩击甲的右侧脸部。

甲：以右手臂格挡乙右掌，同时用右手向下掳刨乙右手臂，并以左手掌甩击乙的右侧脸部。以此循环往复，进行练习。（图 11-75、76）

动作要点：

手臂转环要贴身，进攻要顺肩探身，防守要收腹后仰。

五、拳掌攻防

甲、乙面对面以格斗姿势站立，目视对方。（图11-52）

动作过程：

甲：左转侧身，以右弹掌击打乙头顶部。

乙：用左手臂向上格挡。（图11-77）

图 11-74

图 11-75

图 11-76

图 11-77

甲：右手以右肘为轴向回叠至胸前，随之以右手臂内旋，拳心向下，直击乙腹部。

乙：随之以左肘为轴，小臂向右、向下，左手搂挂甲右手臂内侧。（图11-78）

甲：借乙下搂之势，右手向外、向上紧贴乙左手臂，用右掌甩击乙左侧脸部。

乙：再以左肘为轴，向上、向外翻，用在手背、腕及臂部挂挡甲右掌。（图11-79）

甲：顺乙左小臂下滑，手心向上握拳，并向上勾拳击打乙左肋部。

乙：随之再以左肘为轴，小臂向下、向右用左手搂挂甲右手臂内侧，同时以右摆拳击打甲头部。（图11-80）

甲：迅速向右侧闪，同时用右手臂向左格挡拦击乙右小臂内侧，并顺乙右手臂向前，以鞭拳击打乙右侧脸部。（图11-81）

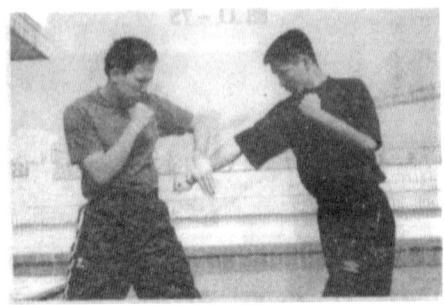

图 11-78

图 11-79

图 11-80

图 11-81

乙：随即快速以左手向右拍击甲右拳。（图11-82）

甲：再以左勾拳击打乙右肋。

乙：用右手向下搂刨甲左勾拳内侧臂腕部。（图11-83）

甲：再以右勾拳击打乙左肋。

乙：以左手向下搂抱甲右勾拳内侧臂腕部。（图11-84）

甲：再以双掌同时由下向上、向里甩击乙的双耳。

乙：随之双手向上外翻，挂挡住甲的双掌。（图11-85）

图 11-82

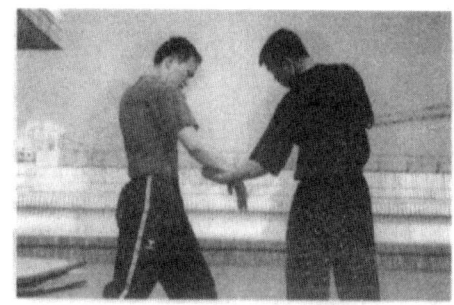

图 11-83

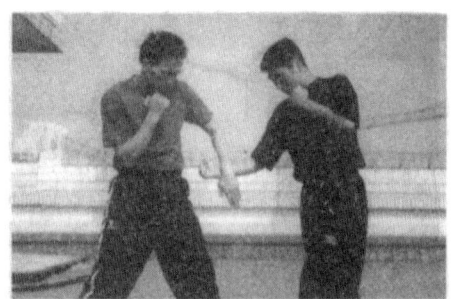

图 11-84

图 11-85

甲：双掌顺乙双手臂下滑，手心向上，以双勾拳击乙腹部。乙：双手以双肘为轴，同时向下、向外刨甲的左右勾拳。（图11-86）

乙：完成双刨后，用甲的方法，同样以右弹掌上击甲头顶部。

随之，循环往复进行练习。（图11-87）

动作要点：

防守时，动作要小，以柔克刚，粘黏连随。

六、直拳、击掌、正蹬攻防

甲、乙双方面对面以格斗姿势对立,目视对方。(图 11-52)

动作过程:

甲:以右直拳击打乙头面部。

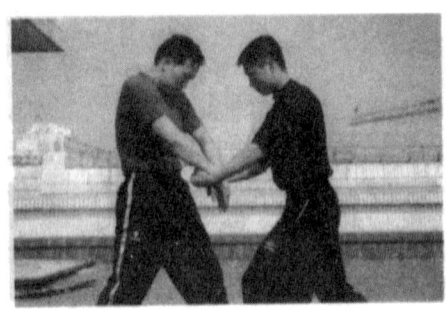

图 11-86

图 11-87

乙:略左侧闪,左手托甲右肘防守,同时以右直拳击打甲右肋部。(图 11-88、89)

图 11-88

图 11-89

甲:右手迅速回收并下搂乙右拳,同时以左抱掌击打乙右侧脸部。(图 11-90)

乙:用左手臂向右拍击甲左手掌。(图 11-91)

甲:再用右掌横击打乙左侧脸部。

乙:用左手臂向上格挡甲右手掌。(图 11-92)

甲：以右腿正蹬乙左肋部。

乙：后撤左步，同时用右手掌下搂甲右小腿内侧面防守。（图 11-93）

甲：右脚落地同时，又以左手掌劈击乙右侧脸部。

图 11-90

图 11-91

图 11-92

图 11-93

乙：用右手臂上格挡甲右手掌。（图 11-94）

甲：随之再以左腿正蹬乙右肋部。

乙：后撤右步，同时用左手掌下搂甲左小腿内侧面防守。（图 11-95）

甲：左脚落地同时，再以右手掌横击打乙的左侧脸部。

乙：用左手格挡，随即右直拳攻击甲头面部。（图 11-96）

甲：略左侧闪，左手托乙右肘防守，同时以右直拳击打乙右肋部。（图 11-97）

随之，循环往复进行练习。

图 11-94

图 11-95

图 11-96

图 11-97

练习要点：

以身带步，手脚齐倒，闪躲并侧身，下搂要顺力。

七、正蹬、直拳、正弹及侧弹攻防

甲、乙双方面对面以格斗姿势站立，目视对方。（图 11-52）

动作过程：

甲：以右腿正蹬踢击乙左肋部。

乙：后滑步身体略右转，以左手挂挡甲右小腿。（图 11-98）

甲：右腿落地同时，用右直拳击打乙头面部。（图 11-99）

乙：用左手臂上格挡甲右手臂内侧腕部，同时以右直拳下击甲腹部。（图 11-100）

甲：用左手下搂乙的右手臂内侧腕部。随之，以左脚正弹踢击甲的裆腹部。

（图 11-101）

图 11-98

图 11-99

图 11-100

图 11-101

乙：迅速撤左步，同时用双手十字下截挡乙左小腿下端。（图 11-102）

甲：左脚落地，左转体，以右侧弹腿踢击甲左侧头部。

乙：迅速在转身双手臂阻挡甲右小腿。（图 11-103）

甲：右脚落地，随之以左侧弹腿踢击乙右侧头部。

乙：迅速撤右步，后撤步闪躲甲的左踢击腿。随后，以右正蹬腿踢击甲左肋部。（图 11-104）

甲：后滑步身体略右转，以右手挂挡乙右小腿。（图 11-105）

随之，循环往复进行练习。

练习要点：

动作要灵巧，刚柔相间，闪躲距离不要过大。

图 11-102

图 11-103

图 11-104

图 11-105

八、对擒拿

甲、乙双方以格斗姿势站立，目视对方。（图 11-106）

动作过程：

乙：用右弹掌击打甲方的头部。（图 11-107）

甲：用右手上格挡防守，同时左手成八字掌从乙右手上用大拇指顶压乙掌背，四指捏住其掌心，将乙的右手抓起，由上向外向下翻拧，卷折其腕，同时右手前伸以八字掌掐乙喉。（图 11-108、109、110）

乙：用右手臂顺势迅速向右前方猛力撑直化解，同时向后仰头，左手成八字掌将甲右手托起而解脱。（图 11-111）

甲：右手臂弯曲，将乙左手带回，同时左手掌虎口张开，按握乙左掌背，以四指屈勾扣住其掌小指外侧掌缘，以拇指扣住其拇指根，然后向左转身成左弓步，两手将乙左手臂拧拉使其手臂伸直，指骨朝上横于身前，然后将右肘提起由上越过乙左小臂，用小臂盘压乙的腕骨关节。（图 11-112、113、114）

图 11-106

图 11-107

图 11-108

图 11-109

图 11-110

图 11-111

图 11-112

图 11-113

乙：迅速伸出右手将甲右肘推起而解脱。（图 11-115）

图 11-114

图 11-115

甲：立即用左手掌由下向上按握住乙右手掌背，同时转动右手前臂，用右前臂伸直向下压折乙四指，乙右掌四指因被压折而蹲下。（图 11-116、117）

图 11-116

图 11-117

乙：迅速用左手成八字拳将甲右手腕和臂托起而解脱。（图11-118）

甲：右手臂弯曲将乙左手带回，同时用左手掌按住乙左手掌背，四指扣住乙小指外侧掌缘，大拇指扣住其拇指根，然后右手内旋，向外翻掌，将乙左小臂拧转成指骨侧朝上，用甲指握住乙左手腕，接着两手指向下向后用力，同时两大拇指向上向前用力，撅折其腕，乙因腕被而跪。（图11-119、120）

乙：迅速用右手将甲右手抓起而解脱。（图11-121、122）

图 11-118

图 11-119

图 11-120

图 11-121

甲：右手臂弯曲，身体右转，将乙右手臂带回，同时用左手掌按握乙右掌背，四指扣住其食指侧，大拇指扣住其右手腕关节，乙由于手腕被折而蹲。（图11-123、124）

乙：迅速伸出左手将甲左手抓起而解脱。（图11-125）

图 11-122

图 11-123

图 11-124

图 11-125

甲：右手臂弯曲，并向右略转身，将乙右手带回，同时用右手掌按握乙左手掌，四指扣住其食指侧，大拇指扣住其小拇外侧，然后左手内旋翻掌，掌心向外，以四指缠压乙左手腕骨关节。（图 11-126、127）

乙：右手伸出将甲右手抓起而解脱。（图 11-128）

甲：右手臂弯曲，并向右略转身，将乙右手带回，同时左手手心向上从乙右手腕下穿过，并由下向上按握住乙右手背，而右手腕内旋，四指朝上，拇指朝下，抓住乙右手腕，然后双手抱住乙右手腕蹲身，同时用力下压乙手腕。（图 11-129）

乙：左手虎口张开，用大拇指顶压甲右掌背，用四指屈勾从其拇指侧捏其掌心，将甲右手抓起而解脱，并由上向外向下以外掰手法拧折其右手腕，同时右手成八字掌伸出掐甲喉。（图 11-130、131）

图 11-126

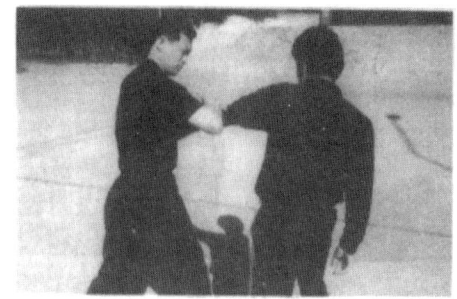

图 11-127

图 11-128

图 11-129

图 11-130

图 11-131

甲：迅速后仰头，同时左手成八字掌将乙右手托起解脱。（图 11-132）
随之，循环往复进行练习。

练习要点：

随拿而破，破拿及时；转身快，手腿合。

九、打拿对练

甲、乙面对面以格斗姿势站立，目视对方。（图11-133）

动作过程：

甲：用右直拳击打乙头面部。（图11-134）

乙：以右手臂向上格挡甲的右小臂。（图11-135）

图 11-132

图 11-133

图 11-134

图 11-135

甲：用左下直拳击打乙的右肋部。（图11-136）

乙：以右手下落，用右肘挂挡甲的左拳。（图11-137）

甲：再用右直拳击打乙的头面部。

乙：再以右手臂向上格挡甲的右小臂。（图11-138）

甲：随之上左步，用左手由乙的右手臂下，向上、向外挑架乙的右手臂，同

时用右拳再次击打乙的头部。(图 11-139、140)

乙：同时撤右步，以左手臂横栏甲的右小臂。(图 11-141)

图 11-136

图 11-137

图 11-138

图 11-139

图 11-140

图 11-141

甲：用左手抓握乙的左手腕并旋拧，同时以右小臂紧贴乙左小臂上翻向下压

其肘部。(图 11-142、143)

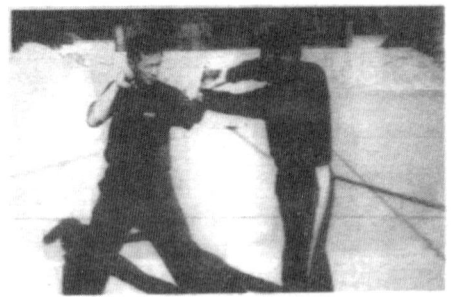

图 11-142

图 11-143

乙：撤左步，左肘上提，以右上勾拳击甲下颏。(图 11-144、145)

图 11-144

图 11-145

甲：上左步侧闪，用左手抓带乙右肘，同时用右下直拳击乙的右肋。(图 11-146、147)

图 11-146

图 11-147

乙：撤右步，以右手向下抱甲的右拳。（图 11-148）

甲：随之右转体顺身，以左手掌击打乙的面部。

乙：以左手格挡甲的左手。（图 11-149）

甲：左手向下、向上以反掌击打乙的左耳部。

乙：左手臂上举，以大臂格挡甲的反掌。（图 11-150）

甲：左转体，上右步，用右下直拳击打乙的左肋。（图 11-151）

图 11-148

图 11-149

图 11-150

图 11-151

乙：撤左步，左手由上向下搂抱甲右拳内侧。（图 11-152）

甲：右拳变掌，右下向下击打乙的面部。

乙：以右手拍击甲的右手掌。（图 11-153）

甲：右掌向下、向上做转环，用反掌击打乙的右耳部。

乙：右手臂上举，格挡甲的反掌。（图 11-154）

随之，再以甲开始的方法，以左下直拳击打甲的右肋。（图 11-155、156、

157）以此反复练习。

图 11-152

图 11-153

图 11-154

图 11-155

图 11-156

图 11-157

练习要点：

手与脚合，以身带步，进退合一。

第四节　格斗操

格斗操是将格斗的踢打基本技术，按照一定的节拍，编组而成的体操。通过格斗操练习，能使练习者在掌握基本格斗技术的同时，发展其身体的协调素质，并培养其身体的韵律感。此操练习既可作为准备活动的练习内容，也可作为放松性练习内容。

一、动作名称

（一）头部运动（见图 11-158~184）

（二）击肘运动（见图 11-185~223）

（三）击拳运动（见图 11-224~260）

（四）踢腿运动（见图 11-261~295）

（五）格挡运动（见图 11-296~330）

（六）跳跃运动（见图 11-331~365）

（七）跳踢运动（见图 11-366~402）

（八）整理运动（见图 11-403~442）

图 11-158

图 11-159

图 11-160

240 ◀▷ 保安防卫技能

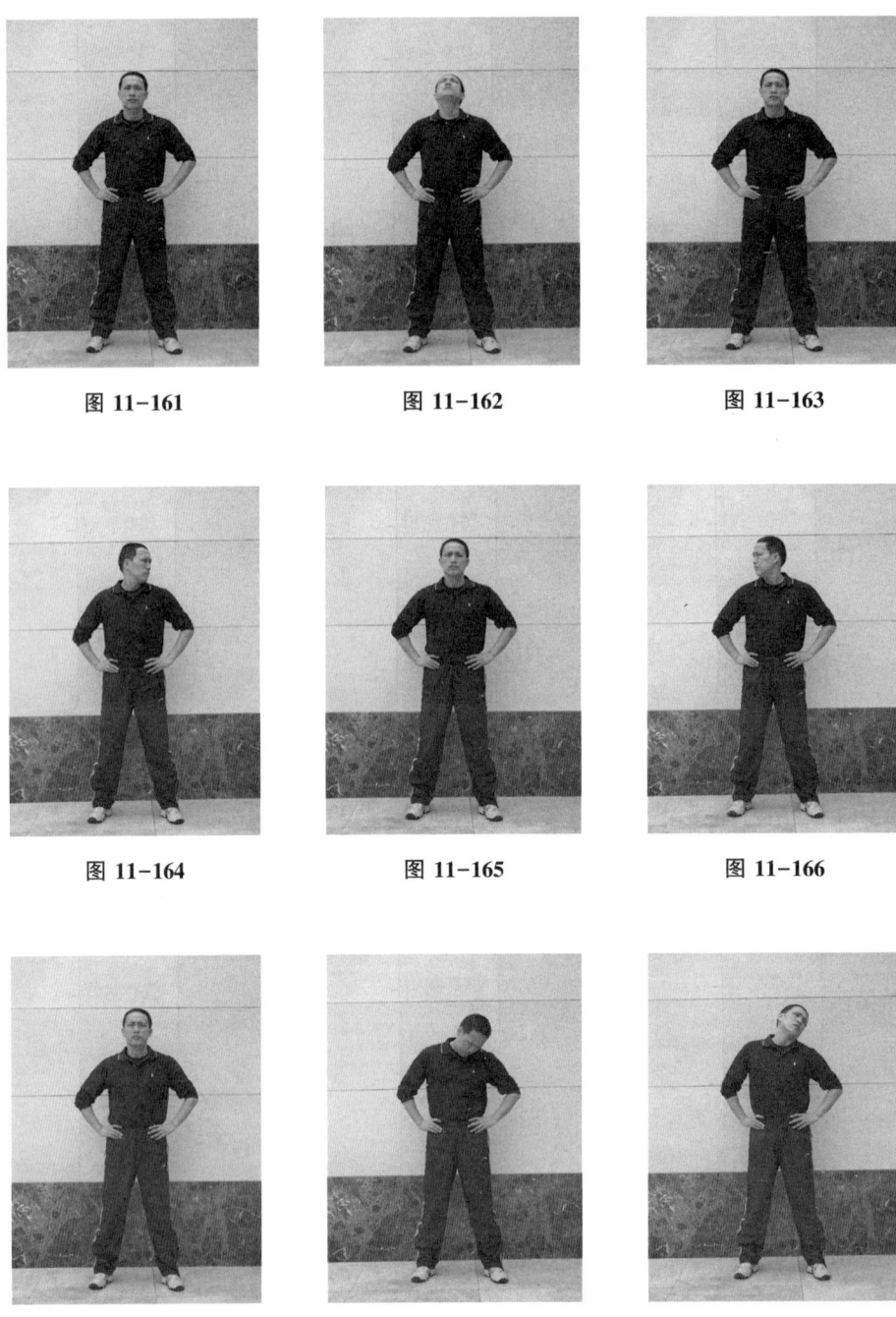

图 11-161　　　　　　图 11-162　　　　　　图 11-163

图 11-164　　　　　　图 11-165　　　　　　图 11-166

图 11-167　　　　　　图 11-168　　　　　　图 11-169

第十一章 基础训练 241

图 11-170

图 11-171

图 11-172

图 11-173

图 11-174

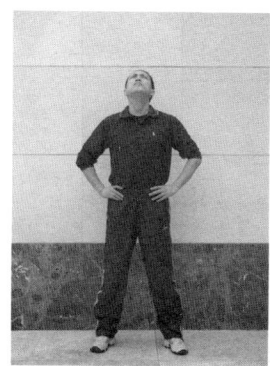
图 11-175

图 11-176

图 11-177

图 11-178

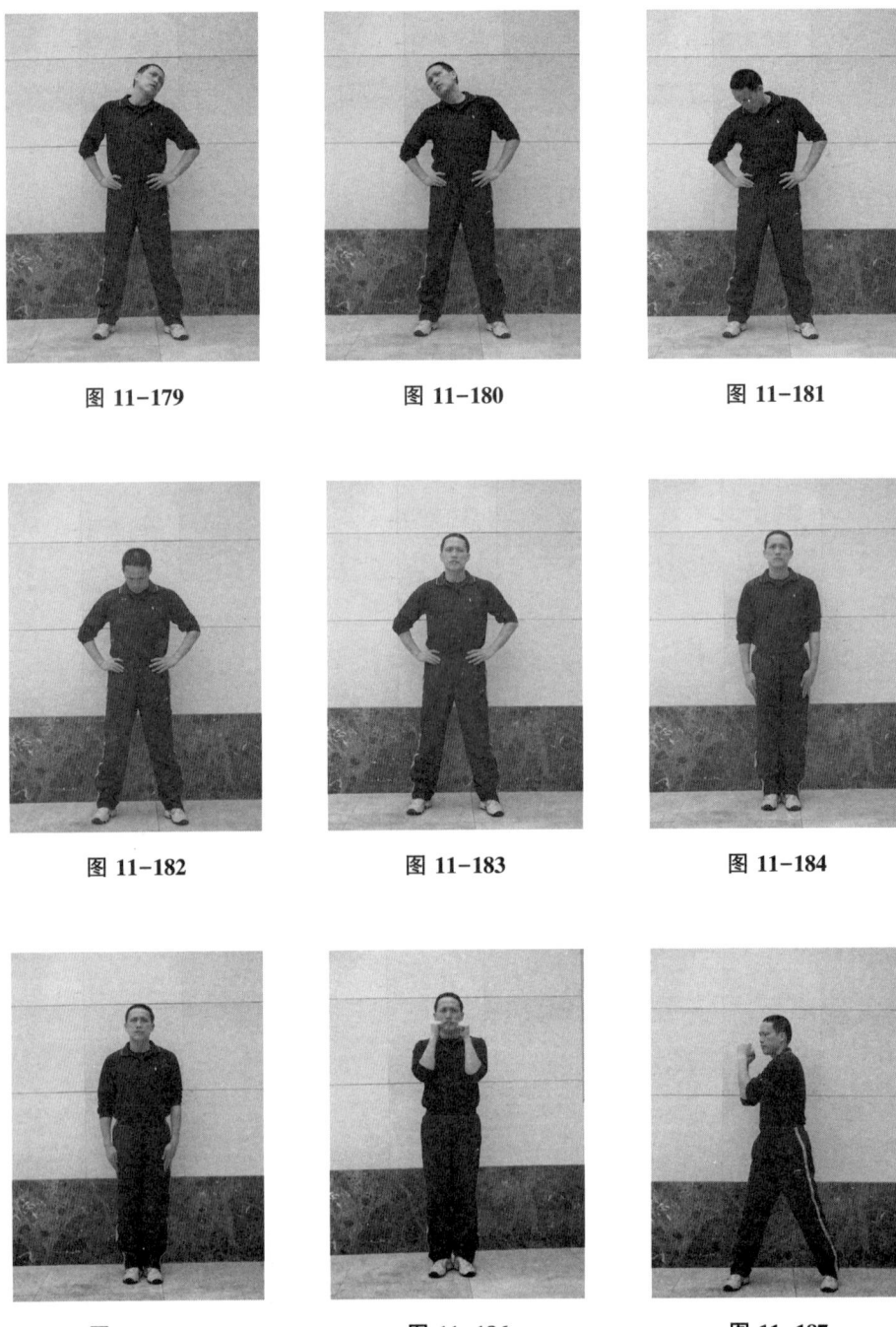

图 11-179　　　　　图 11-180　　　　　图 11-181

图 11-182　　　　　图 11-183　　　　　图 11-184

图 11-185　　　　　图 11-186　　　　　图 11-187

第十一章 基础训练 243

图 11-188 　　　　　　　图 11-189 　　　　　　　图 11-190

图 11-191 　　　　　　　图 11-192 　　　　　　　图 11-193

图 11-194 　　　　　　　图 11-195 　　　　　　　图 11-196

图 11-197 　　　　　　图 11-198 　　　　　　图 11-199

图 11-200 　　　　　　图 11-201 　　　　　　图 11-202

图 11-203

图 11-204

第十一章 基础训练 245

图 11-205、11-206

图 11-207

图 11-208

图 11-209

图 11-210、11-211

图 11-212

图 11-213

图 11-214

图 11-215、11-216

图 11-217

图 11-218

图 11-219

第十一章 基础训练 247

图 11-220、11-221

图 11-222

图 11-223

图 11-224

图 11-225

图 11-226

图 11-227

图 11-228

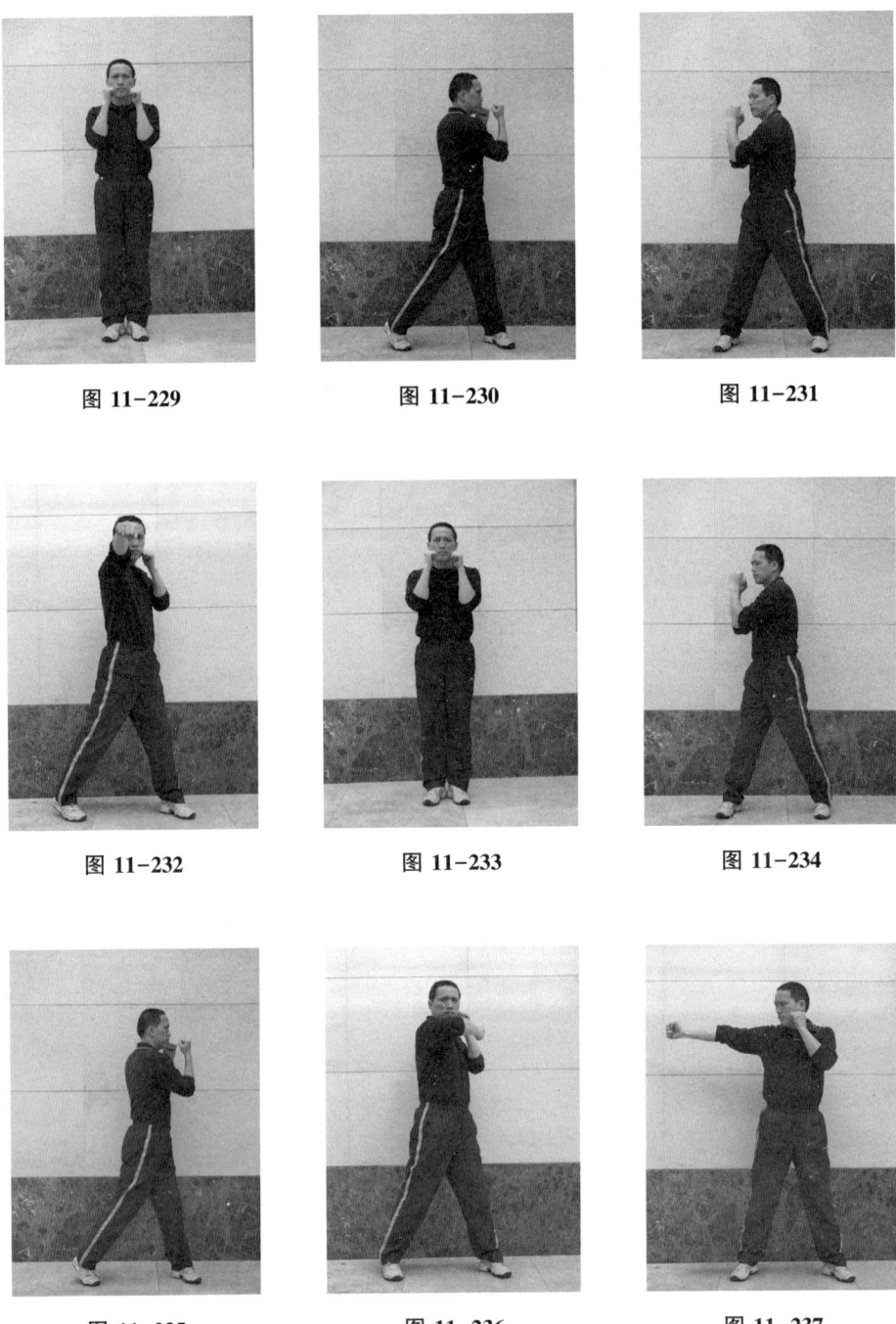

图 11-229　　　　　图 11-230　　　　　图 11-231

图 11-232　　　　　图 11-233　　　　　图 11-234

图 11-235　　　　　图 11-236　　　　　图 11-237

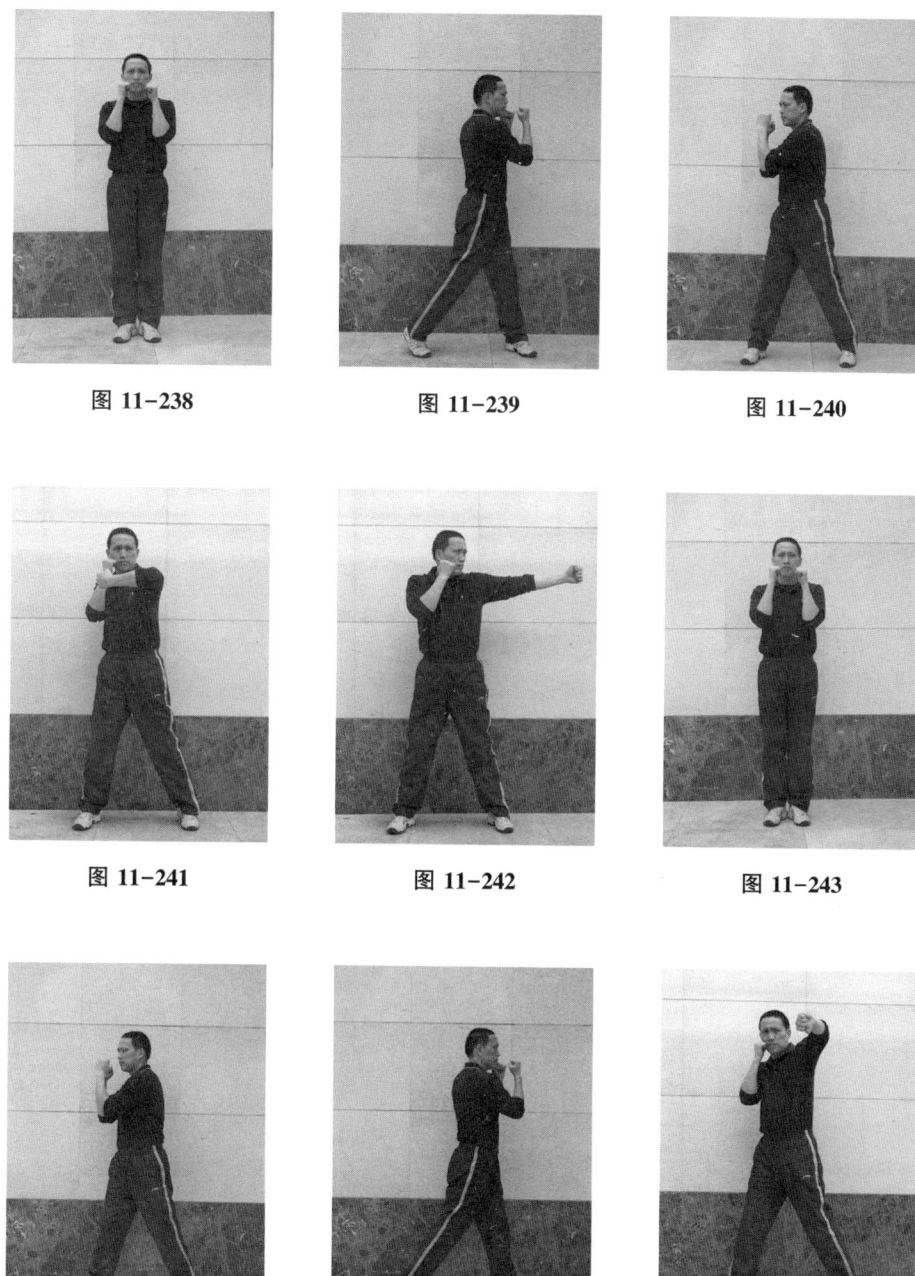

图 11-238　　　　　图 11-239　　　　　图 11-240

图 11-241　　　　　图 11-242　　　　　图 11-243

图 11-244　　　　　图 11-245　　　　　图 11-246

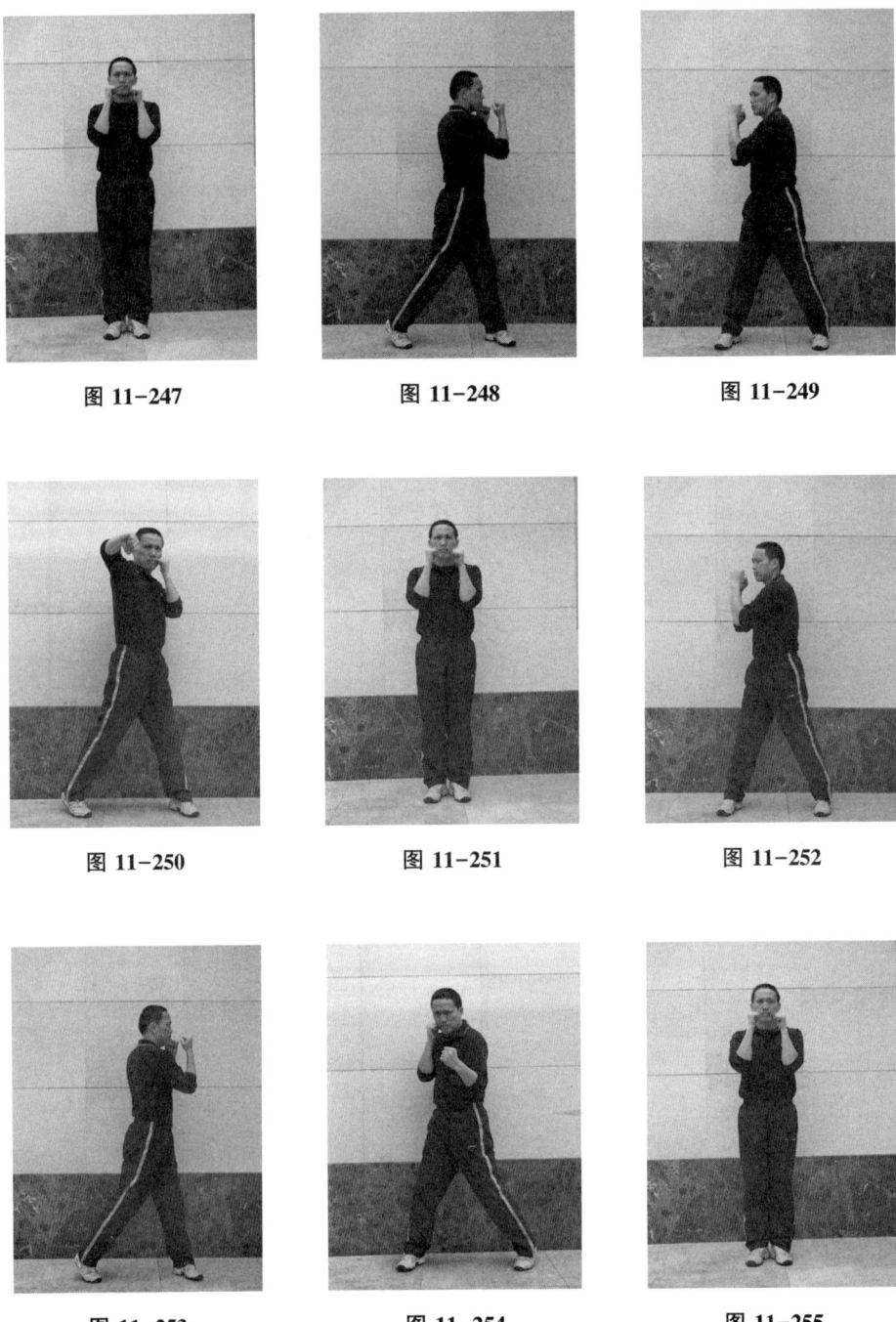

图 11-247　　　　图 11-248　　　　图 11-249

图 11-250　　　　图 11-251　　　　图 11-252

图 11-253　　　　图 11-254　　　　图 11-255

第十一章 基础训练 ▶ 251

图 11-256

图 11-257

图 11-258

图 11-259

图 11-260

图 11-261

图 11-262

图 11-263

图 11-264

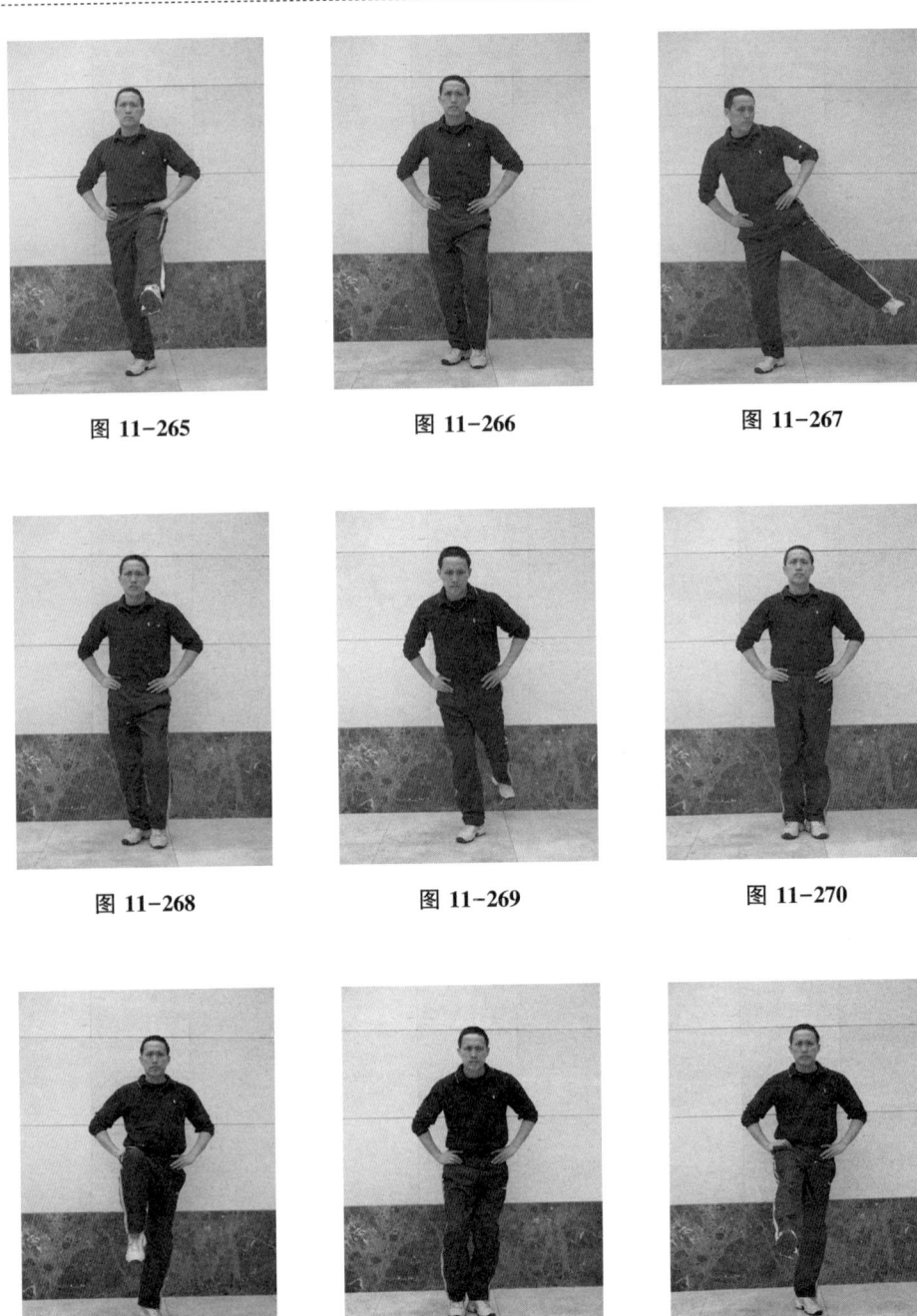

图 11-265　　　　　图 11-266　　　　　图 11-267

图 11-268　　　　　图 11-269　　　　　图 11-270

图 11-271　　　　　图 11-272　　　　　图 11-273

第十一章 基础训练 253

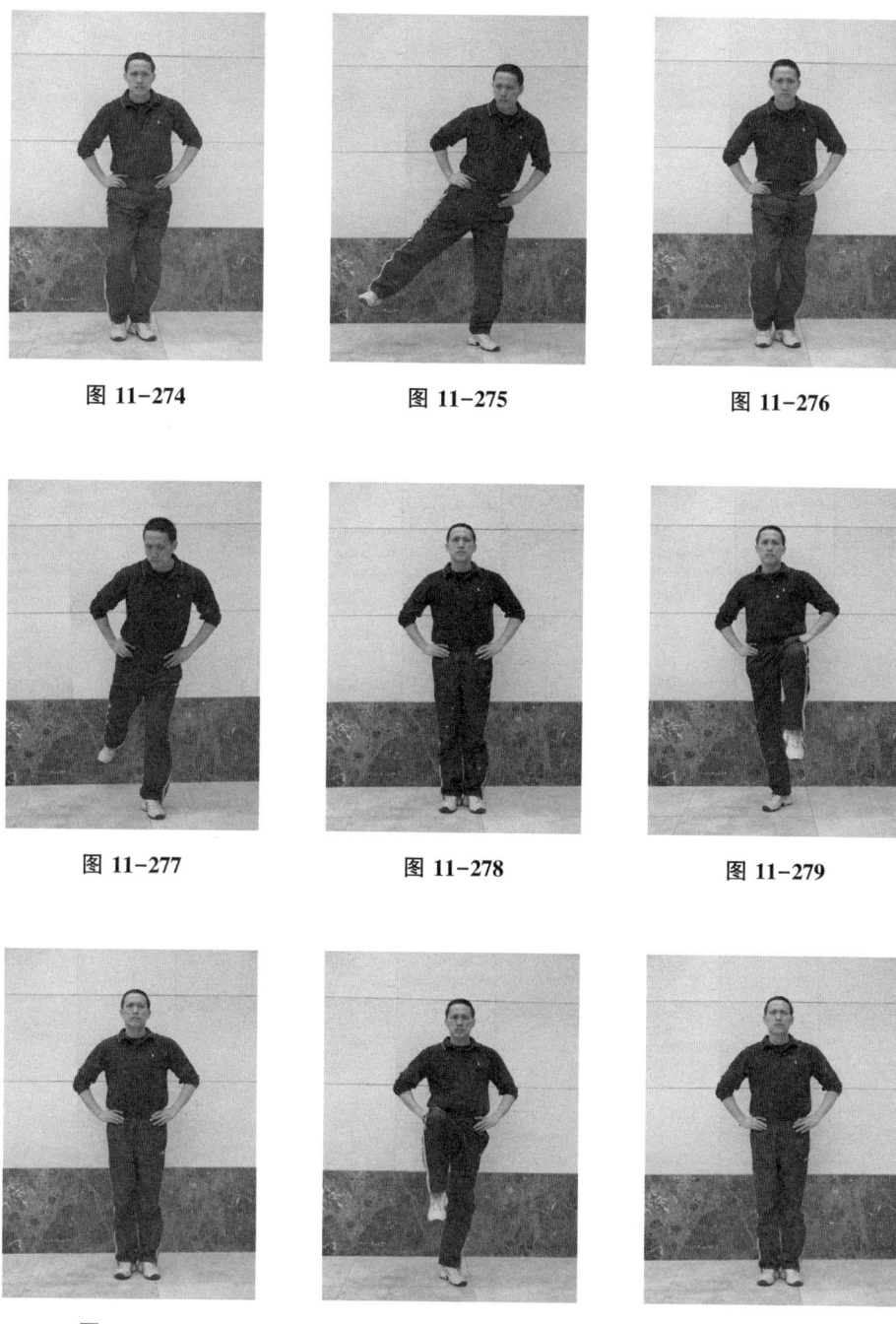

图 11-274　　　　　图 11-275　　　　　图 11-276

图 11-277　　　　　图 11-278　　　　　图 11-279

图 11-280　　　　　图 11-281　　　　　图 11-282

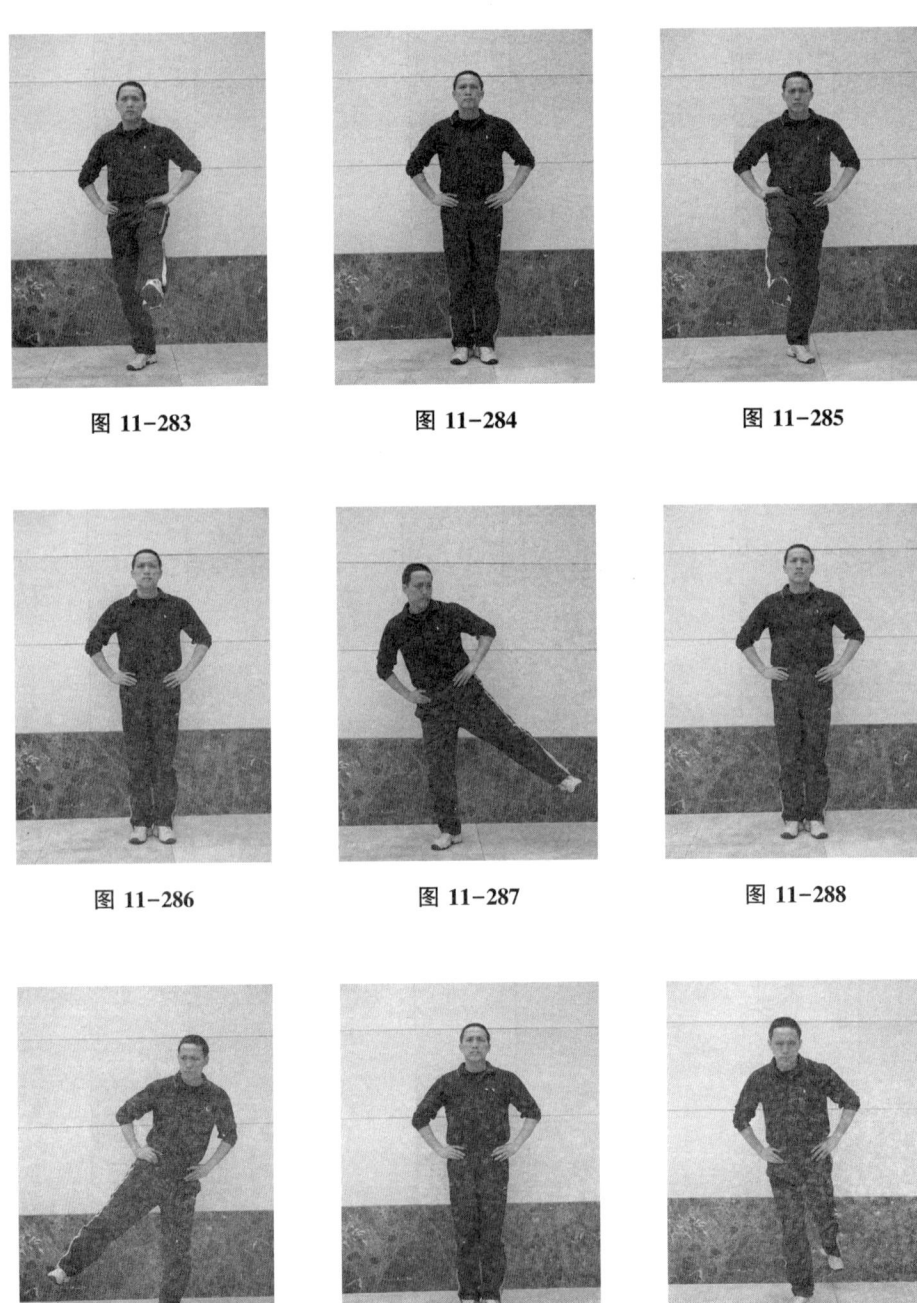

图 11-283　　　　　图 11-284　　　　　图 11-285

图 11-286　　　　　图 11-287　　　　　图 11-288

图 11-289　　　　　图 11-290　　　　　图 11-291

第十一章 基础训练 ▷ 255

图 11-292

图 11-293

图 11-294

图 11-295

图 11-296

图 11-297

图 11-298

图 11-299

图 11-300

图 11-301　　　　　图 11-302　　　　　图 11-303

图 11-304　　　　　图 11-305　　　　　图 11-306

图 11-307　　　　　图 11-308　　　　　图 11-309

图 11-310 　　　　　　　图 11-311 　　　　　　　图 11-312

图 11-313 　　　　　　　图 11-314 　　　　　　　图 11-315

图 11-316 　　　　　　　图 11-317 　　　　　　　图 11-318

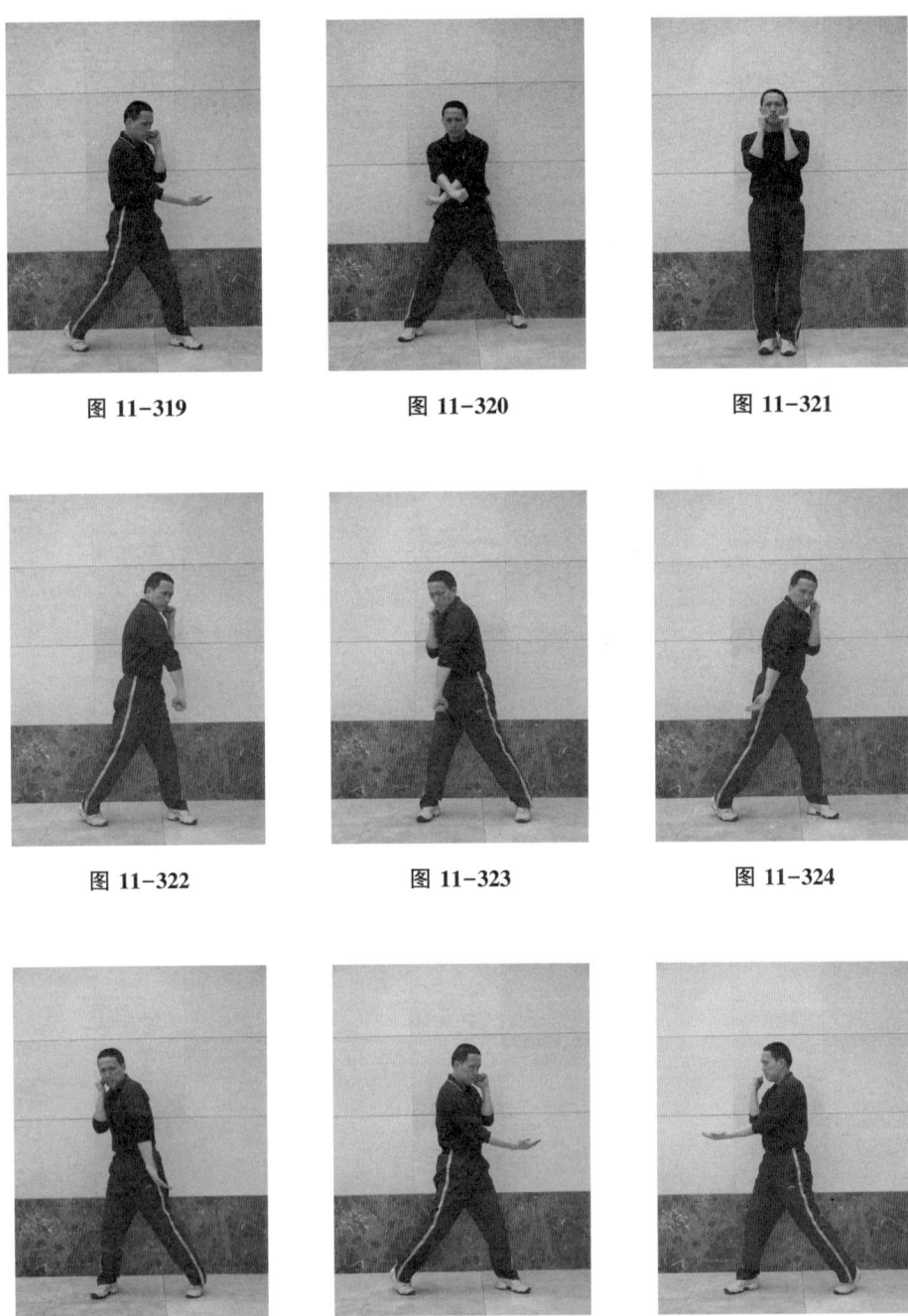

图 11-319　　　　　图 11-320　　　　　图 11-321

图 11-322　　　　　图 11-323　　　　　图 11-324

图 11-325　　　　　图 11-326　　　　　图 11-327

第十一章 基础训练 259

图 11-328

图 11-329

图 11-330

图 11-331

图 11-332

图 11-333

图 11-334

图 11-335

图 11-336

图 11-337   图 11-338   图 11-339

图 11-340   图 11-341   图 11-342

图 11-343   图 11-344   图 11-345

第十一章 基础训练 261

图 11-346 　　　　图 11-347 　　　　图 11-348

图 11-349 　　　　图 11-350 　　　　图 11-351

图 11-352 　　　　图 11-353 　　　　图 11-354

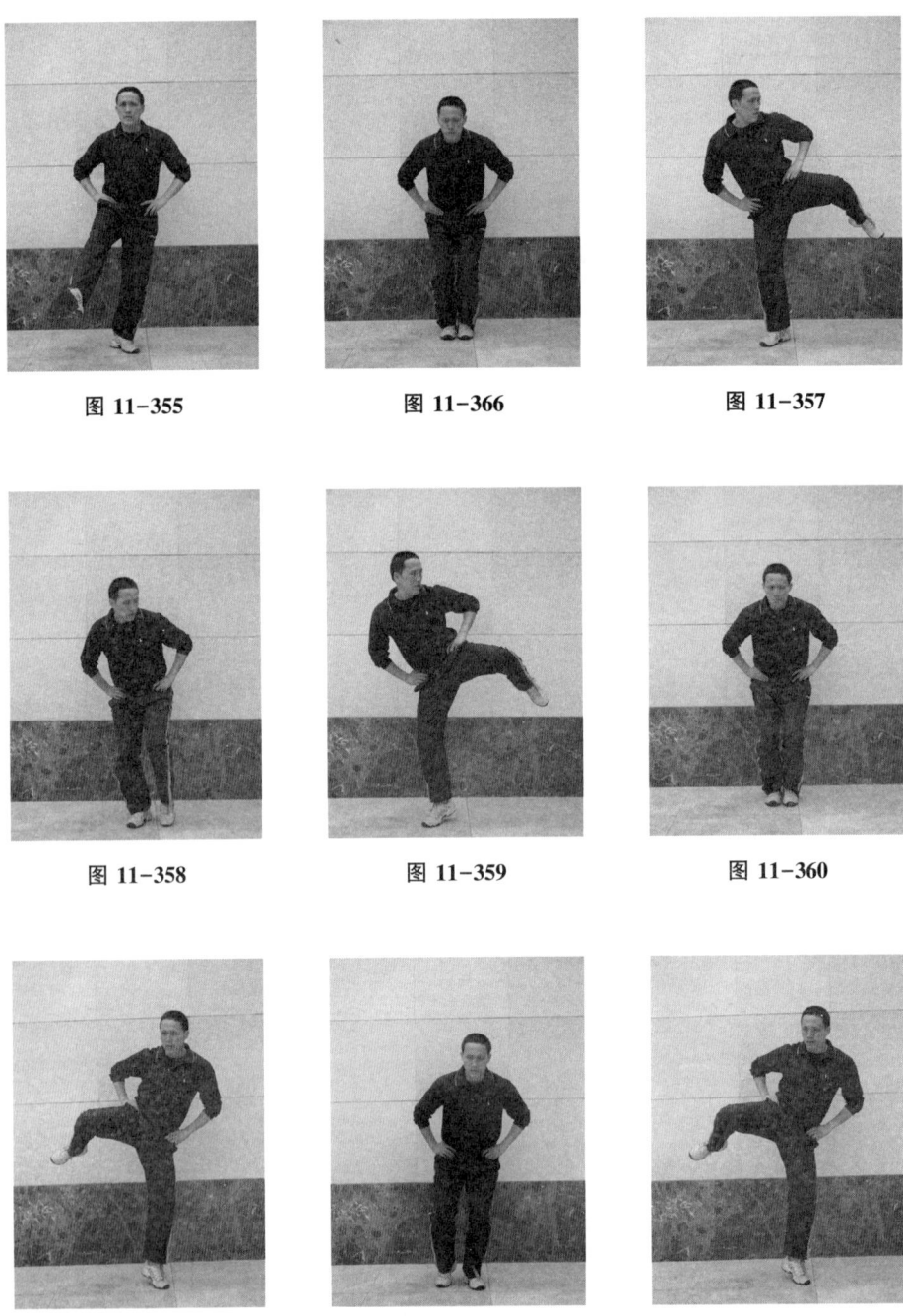

图 11-355　　　　　图 11-366　　　　　图 11-357

图 11-358　　　　　图 11-359　　　　　图 11-360

图 11-361　　　　　图 11-362　　　　　图 11-363

第十一章 基础训练 263

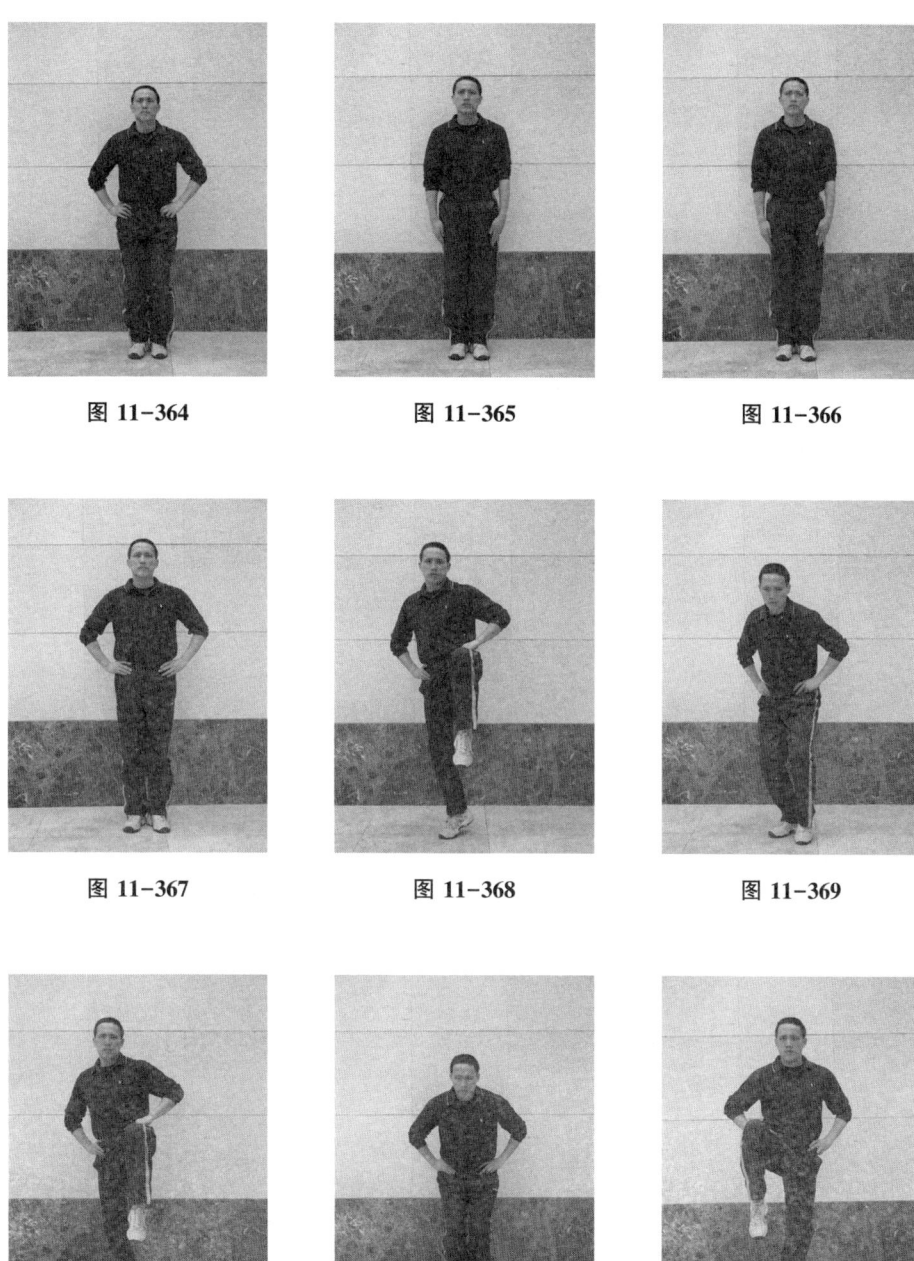

图 11-364　　　　　图 11-365　　　　　图 11-366

图 11-367　　　　　图 11-368　　　　　图 11-369

图 11-370　　　　　图 11-371　　　　　图 11-372

图 11-373

图 11-374

图 11-375

图 11-376

图 11-377

图 11-378

图 11-379

图 11-380

图 11-381

第十一章 基础训练 265

图 11-382

图 11-383

图 11-384

图 11-385

图 11-386

图 11-387

图 11-388

图 11-389

图 11-390

图 11-391　　　　　　　图 11-392　　　　　　　图 11-393

图 11-394、11-395　　　　　　　图 11-396

图 11-397　　　　　　　图 11-398

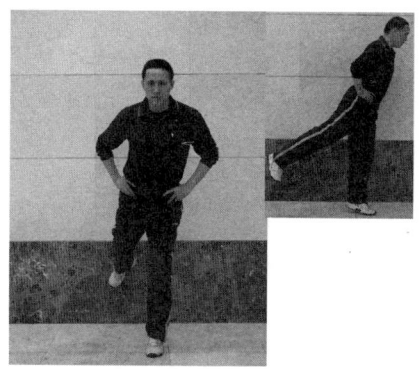 

图 11-399、11-400　　　　　　　　图 11-401

图 11-402　　　　　图 11-403　　　　　图 11-404

图 11-405　　　　　图 11-406　　　　　图 11-407

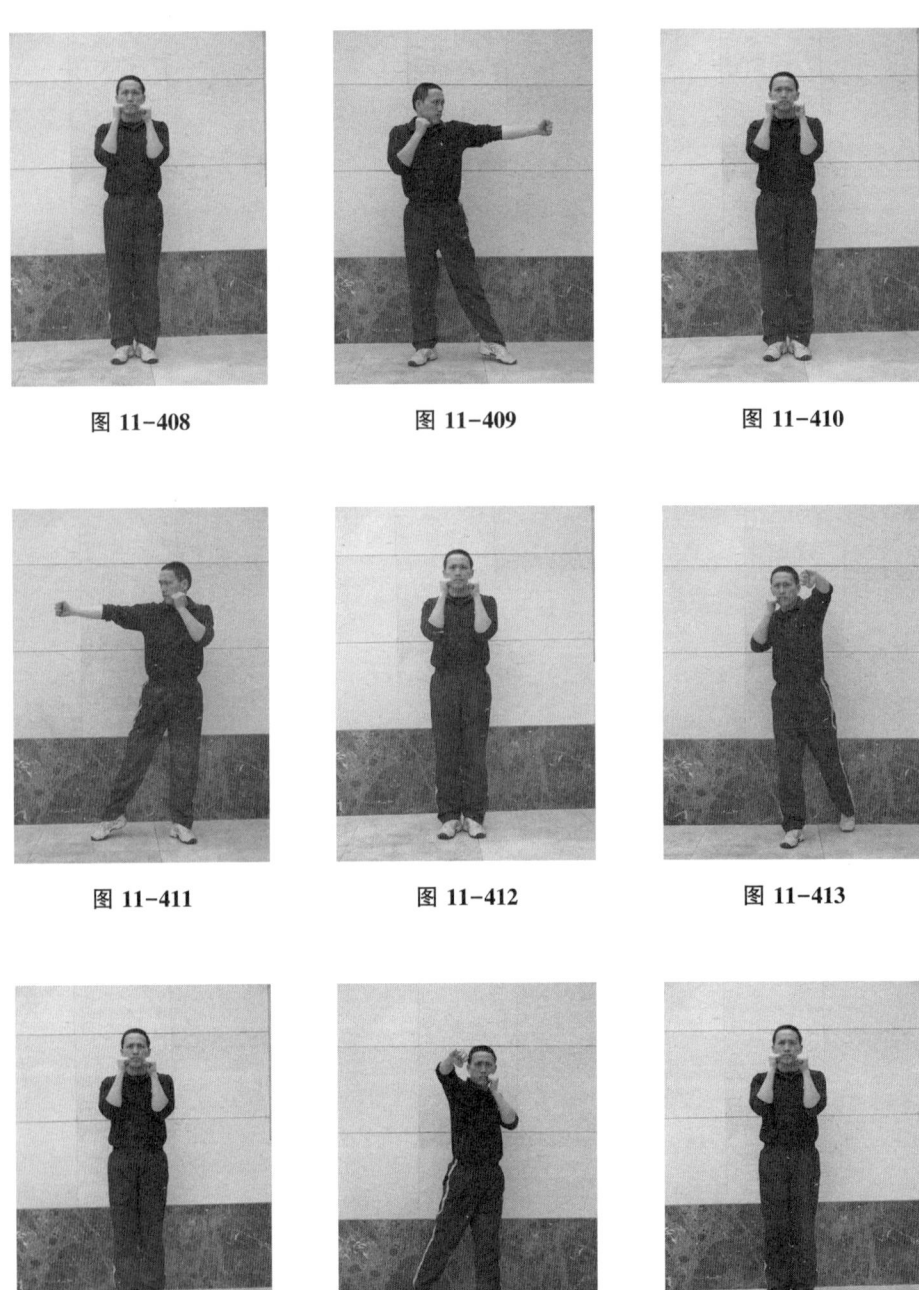

图 11-408　　　　　图 11-409　　　　　图 11-410

图 11-411　　　　　图 11-412　　　　　图 11-413

图 11-414　　　　　图 11-415　　　　　图 11-416

第十一章 基础训练 269

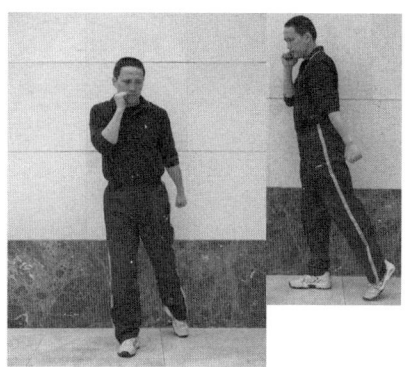

图 11-417、11-418

图 11-419

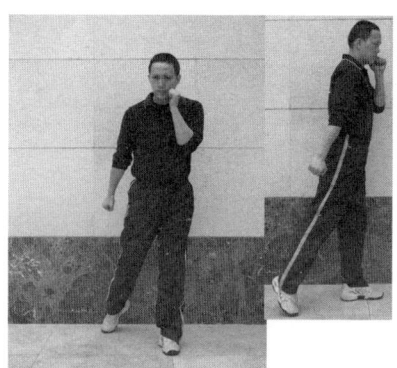

图 11-420、11-421

图 11-422

图 11-423

图 11-424

图 11-425

图 11-426　　　　　图 11-427　　　　　图 11-428

图 11-429　　　　　　　　图 11-430

图 11-431、11-432　　　　　图 11-433

第十一章 基础训练 271

图 11-434、11-435

图 11-436

图 11-437、11-438

图 11-439

图 11-440

图 11-441

图 11-442

二、动作说明：

（一）头部运动

预备式：右脚横跨半步，两脚平行，与肩同宽，双手叉腰目视前方（见图11-158、159）。

1：头部前点

2：还原成预备式（见图11-160、161）

3：头部后仰

4：还原（见图11-162、163）

5：头左转，目视左侧

6：还原（见图11-164、165）

7：头右转，目视右侧

8：还原（见图11-166、167）

2.1-2.4：头部经左、后、右、前环绕一周

2.5-2.8：头部反向环绕一周（见图11-168~173）

3.1-3.2：头部前点两次

3.3-3.4：头部后仰两次（见图11-174、175）

3.5-3.6：头部左侧倾两次

3.7-3.8：头部右侧倾两次（见图11-176、177）

4.2-4.4：同2.1-2.4

4.5-4.8：同2.5-2.8，还原预备式（见图11-178~183）

收势：双手放下右脚收回成立正姿式，目视前方（见图11-184）。

（二）击肘运动

预备式：立正，双手握拳，双臂弯曲，置于胸前两侧，拳与下额同高，沉肩垂肘（见图11-185、186）。

1：左脚侧向左横跨一步，双脚碾地，身体右转90°，双眼斜视前方。

2：身体左转180°，双眼斜视前方。

3：身体右转180°同时左臂屈肘抬平，以摆肘向正前方击打。

4：左脚收回并拢，还原成预备式（见图11-187~190）。

5-8：同1-4，方向相反，左右互换（见图11-191~194）。

2.1：同1的动作。

2.2：身体左转180°，同时左腿屈膝上提至水平，右肘下垂触左膝。

2.3：左脚落地，身体右转90°，左肘向前上方挑击。

2.4：同4的动作，成预备式（见图11-195~198）。

2.5-2.8：动作同2.1-2.4，方向相反，左右互换（见图11-199~202）

3.1-3.2：动作同1-2

3.3：身体右转180°，右臂屈肘抬平，水平摆击正后方，目视正后方。

3.4：同4的动作（见图11-203~207）。

3.5-3.8：动作同3.1-3.4，方向相反，左右互换（见图11-208~212）

4.1-4.2：动作同1-2

4.3：身体右转180°，右臂屈肘向后上方挑击，目视后方

4.4：同4的动作（见图11-213~217）。

4.5-4.8：动作同4.1-4.4，动作相反，左右互换（见图11-218~222）。

收式：还原成立正姿势（见图11-223）。

(三) 击拳运动

预备式：立正，双手握拳，双臂弯曲，置于胸前两侧，拳与下额同高，沉肩垂肘（见图11-224、225）。

1：左脚侧向左横跨一步，双脚碾地，同时身体右转90°，双眼斜视前方。

2：身体做左转180°，双眼斜视前方。

3：身体右转180°，左拳向正前方出直拳，高与鼻齐，目视前方

4：收左腿，还原成预备式（见图11-226~229）。

5-8：动作同1-4，方向相反，左右互换（见图11-230~233）

2.1-2.2：动作同1-2

2.3：身体右转90°，右手以鞭拳向右侧水平弹击，高与鼻齐，目视右侧方。

2.4：同4的动作（见图11-234~238）。

2.5-2.8：动作同2.1-2.4，方向相反，左右互换（见图11-239~243）。

3.1：左脚侧向左横跨一步，双脚碾地，同时身体右转90°，双眼斜视前方。

3.2：身体做左转180°，双眼斜视前方。

3.3：身体右转90°，左拳向正前方出左摆（平勾）拳，高与鼻齐，目视前

方。

3.4：同4的动作（见图11-244~247）。

3.5-3.8：动作同3.1-3.4方向相反，左右互换（见图11-248~251）。

4.1：左脚侧向左横跨一步，双脚碾地，同时身体右转90°，双眼斜视前方。

4.2：身体做左转180°，双眼斜视前方。

4.3：身体左转90°，左拳向正前方出左上勾拳，高与鼻齐，目视前方。

4.4：同4的动作（见图11-252~255）。

4.5-4.8：动作同4.1-4.4，方向相反，左右互换（见图11-256~259）。

收式：双手放下，成立正姿势（见图11-260）。

（四）踢腿运动

预备式：立正姿势站立，双手叉腰，目视前方（见图11-261、262）。

1：左腿屈膝向正前方抬起，大腿水平，目视前方。

2：左腿收回脚掌点地。

3：左小腿向正前方弹出，脚背绷直，高与膝齐。

4：左腿屈膝收回脚掌点地（见图11-263~266）。

5：左腿向身体左侧踹出，力达脚跟，高与膝齐，目视左侧。

6：左腿屈膝收回脚掌点地。

7：左腿向正后方直线踹出，高与膝齐，目视前方。

8：还原成预备式（见图11-267~270）。

2.1-2.8：动作同1-8，左右交换（见图11-271~278）。

3.1：左腿屈膝，向正前方抬起，大腿水平，小腿垂直地面。

3.2：左脚落地成预备式（见图11-279、280）。

3.3-3.4：动作同3.1-3.2，左右交换。

3.5：左腿向正前方弹踢，高与腰齐，目视前方。

3.6：左腿落地成预备式（见图11-281~284）。

3.7-3.8：动作同3.5-3.6，左右交换（见图11-285、286）。

4.1：左脚向身体左侧径侧踹，目视左侧。

4.2：左腿收成预备式（见图11-287、288）。

4.3-4.4：动作同4.1-4.2，左右互换（见图11-289、290）。

4.5：左腿向正后方踹出低位后蹬腿，高与膝齐，目视前方。

4.6：还原成预备式（见图11-291、292）。

4.7-4.8：动作同4.5-4.6，左右交换（见图11-293、294）。

收式：双手放下，成立正姿势（见图11-295）。

（五）格挡运动

预备式：立正，双手握拳，双臂弯曲，置于胸前两侧，拳与下额同高，沉肩垂肘（见图11-296、297）。

1：左脚侧向左横跨一步，稍宽于肩，左臂左上格挡，右全护于头侧。

2：右臂右上格挡，左拳收回。

3：左臂左下格挡，右拳收回。

4：右臂右下格挡，左拳收回。

5：左臂高位内格挡，右拳收回。

6：右臂高位内格挡，左拳收回。

7：左脚后撤，同时双手上十字架挡。

8：收左脚，还原成预备式（见图11-298~305）。

2.1-2、8：动作同1-8，左右交换（见图11-306~313）。

3.1：左腿侧向左横跨一步，稍宽于肩，左臂里挂。

3.2：右臂里挂，左拳收回。

3.3：左手下搂，右拳收回。

3.4：右手下搂，左拳收回。

3.5：左手里抄，右拳收回。

3.6：右手里抄，左拳收回。

3.7：左脚后撤，双手下十字格挡。

3.8：还原成预备式（见图11-314~321）。

4.1-4、8：动作同3、1-3、8，左右交换（见图11-322~329）。

收式：双手放下，成立正姿势（见图11-330）。

（六）跳跃运动

预备式：立正姿势站立，双手叉腰，目视前方（见图11-331、332）。

1：双脚离地轻轻跳起，落地左脚在前，右脚在后的左高弓步。

2：跳起，落地成右高弓步。

3-7：每拍跳一次，左右交换一次。

8：跳起，并脚落地（见图 11-333~340）。

2.1：跳起，两脚左右分开落地。

2.2：跳起，落地成左右交叉（右脚前，左脚后）。

2.3：同 2.1。

2.4：跳起，落地成左右交叉（左脚前，右脚后）

2.5：同 2.1。

2.6：同 2.2。

2.7：同 2.1。

2.8：同 8（见图 11-341~348）。

3.1：右脚跳起的同时，左腿向正前方踢出，高不过胸，脚尖勾起。

3.2：左脚落地同时，右脚跳起，右腿向后自然弯曲提起。

3.3-3.6：重复 3.1-3.2，左右腿依次交换。

3.7：右脚向正前方踢出，高不过胸，脚尖勾起。

3.8：并脚落地（见图 11-349~356）。

4.1：左腿屈膝侧开胯提起单腿跳起，右腿单腿跳起，落地。

4.2：右腿单腿跳起，落地，同时左腿收回脚掌点地。

4.3：左腿屈膝侧开胯再次提起单腿跳起，右腿单腿跳起，落地。

4.4：右腿单腿跳起，落地，同时左腿收回落地。

4.5-4.7：动作同 4.1-4.3，左右交换。

4.8：落地还原成预备式（见图 11-357~364）。

收式：双手放下，成立正姿势站立（见图 11-365）。

（七）跳踢运动

预备式：立正姿势站立，两手叉腰，目视前方（见图 11-366、397）。

1-4：右腿支撑身体跳四次，同时左腿提膝、点地，并脚站立（见图 11-368~371）。

5-8：动作同 1-4，换右腿提膝、点地，并脚站立（见图 11-372~375）。

2.1-2.4：左腿随跳起向前正弹踢两次，脚背直，高与腰齐。弹踢后脚点地

一次,第二次

点地时并脚站立(见图 11-376~379)。

2.5-2.8:动作同 2.1-2.4,换右腿正弹踢点地,并脚站立(见图 11-380~383)。

3.1-3.4:随跳起,左腿向身体左侧侧踹两次,高不过腰,侧踢后脚点地一次,第二次点地时并脚站立(见图 11-384~387)。

3.5-3.8:动作同 3.1-3.4,换右腿侧踹、点地,并脚站立(见图 11-388~391)。

4.1-4.4:左腿随跳起向后后蹬踢两次,高不过腰,后蹬后脚点地一次,第二次点地时并脚站立(见图 11-392~396)。

4.5-4.8:动作同 4.1-4.4,做右腿后蹬腿、点地,还原成预备式(见图 11-397~401)。

收式:双手放下,成立正姿势站立(见图 11-402)。

(八)整理运动

预备式:立正站立,双手握拳,双臂弯曲,置于胸前两侧,拳与下额同高,沉肩垂肘(见图 11-403、404)。

1:左脚向左后方斜撤半步,脚尖点地,同时左拳向正前方出左直拳,高与鼻齐,目视前方(见图 11-405)。

2:还原预备式(见图 11-406)。

3-4:同 1-2,左右交换(见图 11-407、408)。

5:左脚向左侧横开半步,脚尖点地,同时左拳向左侧出左鞭拳水平弹击,高与肩齐,目视前方(见图 11-409)。

6:还原成预备式(见图 11-410)。

7-8:同 5-6,左右交换(见图 11-411、412)。

2.1-2.4:动作于 1-4 相同,将直拳换成摆(或平勾)拳(见图 11-413~416)。

2.5:左脚向正后方撤半步,脚尖点地,同时左拳向正后方撩拳,高与腰齐,目视后下方(见图 11-417、418)。

2.6:还原成预备式(见图 11-419)。

2.7-2.8：同 2.5-2.6，左右互换（见图 11-420~422）。

3.1：左脚向正前方正蹬踢，脚尖勾起，同时右拳向正前方出右直拳，高与鼻齐，目视前方（见图 11-423）。

3.2：左脚收回，并脚站立，同时右拳收回，目视前方（见图 11-424）。

3.3：右脚向正前方正蹬踢，脚尖勾起，同时左拳向正前方出左直拳，高与鼻齐，目视前方（见图 11-425）。

3.4：右脚收回，并脚站立，同时左拳收回，目视前方（见图 11-426）。

3.5：左脚向左侧方侧踹踢，脚尖勾起，同时左拳向左侧方甩出，手臂与腿平行，目视左侧方（见图 11-427）。

3.6：左腿左拳收回，并脚站立，目视前方（见图 11-428）。

3.7：右脚向右侧方侧踹踢，脚尖勾起，同时右拳向右侧方甩出，手臂与腿平行，目视右侧方。还原成预备式（见图 11-429）。

3.8：右腿右拳收回，并脚站立，目视前方（见图 11-430）。

4.1：左脚向后方后蹬踢，脚尖勾起，同时左拳向正前方出左直拳，高与鼻齐，目视前方（见图 11-431、432）。

4.2：左脚左拳收回，并脚站立，目视前方（见图 11-433）。

4.3：右脚向后方后蹬踢，脚尖勾起，同时右拳向正前方出右直拳，高与鼻齐，目视前方（见图 11-434、435）。

4.4：右脚右拳收回，并脚站立，目视前方（见图 11-436）。

4.5：左脚向左后方斜撤半步，脚尖点地，同时左右双拳向正前上方出双摆拳，高过头顶，目视前上方（见图 11-437、438）。

4.6：左腿左右拳收回，并脚站立，目视前方（见图 11-439）。

4.7：右脚向右后方斜撤半步，脚尖点地，同时左右拳向正前下方出双勾拳，拳与腹同，目视前下方（见图 11-440）。

4.8：右腿左右拳收回，还原成预备式（见图 11-441）。

收式：双手放下，成立正姿势站立（见图 11-442）。

第五节　短棍操

一、动作名称

预备姿势（见图 11-443）

第一段

1. 格斗姿势（见图 11-444、445）

2. 滑步左右上劈击（见图 11-446~450）

3. 滑步左右下劈击（见图 11-451~454）

图 11-443

图 11-444、11-445

4. 滑步戳击（见图 11-455~457）

5. 单手持棍格挡（见图 11-458、459）

6. 搂抓反手劈击（见图 11-460~462）

7. 双手持棍左右格挡（见图 11-463~466）

8. 缠头格挡劈击、棍把戳击（见图 11-467~473）

第二段

9. 退步缠头格挡左右劈击（见图 11-474~486）

10. 格斗姿势（见图 11-487、488）

11. 双手持棍下格挡（见图 11-489、490）

图 11-446、11-447　　　　　　图 11-448

12. 双手持棍前平推（见图 11-491、492）
13. 右左缠棍戳击（见图 11-493~500）
14. 挑臂别压（见图 11-501~503）
15. 棍把挑击（见图 11-504~506）
16. 双手持棍劈击（见图 11-507~509）

预备姿势（并步收棍）（见图 11-510、511）

图 11-449、11-450　　　　　　图 11-451

第十一章 基础训练 281

图 11-452

图 11-453

图 11-454

图 11-455

图 11-456、11-457

图 11-458

图 11-459

图 11-460

图 11-461　　　　　图 11-462　　　　　图 11-463

图 11-464　　　　　图 11-465　　　　　图 11-466

图 11-467　　　　　图 11-468　　　　　图 11-469

第十一章 基础训练 ▶ 283

图 11-470

图 11-471

图 11-472、11-473

图 11-474、11-475

图 11-476、11-477

图 11-478

图 11-479

图 11-480、11-481

图 11-482

图 11-483、11-484

图 11-485、图 11-486

图 11-487、11-488

第十一章 基础训练 285

图 11-489　　　　　　图 11-490　　　　　　图 11-491

图 11-492　　　　　　图 11-493　　　　　　图 11-494

图 11-495　　　　　　图 11-496　　　　　　图 11-497

图 11-498

图 11-499、11-500

图 11-501

图 11-502

图 11-503

图 11-504

图 11-505

图 11-506

图 11-507　　　　　图 11-508　　　　　图 11-509

图 11-510　　　　　　　　图 11-511

二、动作说明：

预备姿势：两腿立正站立，两手在胸腹前持棍，左上右下掌各贴于裤缝，挺胸收腹，身体正直，目视前方。（见图 11-443）

第一段

1. 格斗姿势

动作过程：

预备姿势站立，右腿向后撤一步，脚间距一脚半宽，左腿不动，两腿微屈；身体成约 45°侧向正前方，重心略偏右腿，两眼注视前方。同时右手持棍，屈肘夹臂，将棍架于右肩上，棍把指向前方。左手成掌向前方自然推出，掌心朝侧

方，大小臂弯曲大约90°，成格斗姿势。（见图11-444、445）

动作要点：

左掌与鼻同高，微收下颏，含胸、沉肩。

动作用途：

主要注视对方，准备进攻或防守。

2. 滑步左右上劈击

动作过程：

重心前移，左脚前迈步，右脚跟进，身体保持基本格斗姿势，右手持棍完成左前上方的劈击动作，并快速恢复格斗姿势；身体再次向前滑步移动，与此同时上身略向左侧倾，完成对右前上方的劈击动作，并快速恢复格斗姿势。（见图11-446~450）

动作要点：

身体平稳移动，借助前滑动的惯性，拧腰发力完成劈击动作。

动作用途：

主要对对方上肢的攻击。

3. 滑步左右下劈击

动作过程：

重心前移，左脚前迈步，右脚跟进，连续滑步前进两步，身体保持基本格斗姿势，右手持棍连续完成对左前下方和右前下方的劈击动作，并快速恢复格斗姿势。（见图11-451~454）

动作要点：

身体平稳移动，后脚蹬地、拧腰带臂协调发力完成劈击动作。

动作用途：

主要对对方、下肢的攻击。

4. 滑步戳击

动作过程：

重心前移，左脚前迈步，右脚跟进，身体保持基本格斗姿势，右手持棍完成向前方的捅劈击动作。（见图11-455~457）

动作要点：

身体平稳移动，棍与手臂、肩、腰和支撑腿要协调一致而整体发力。

动作用途：

主要对对方胸腹的攻击。

5. 单手持棍格挡

动作过程：

右手屈臂回收，将棍收于胸前，右脚向右前方横迈一小步，左转身拧腰，将棍向左上方直线推出格挡来自左侧的攻击。左手张护于颚前，两眼注视左前方。（见图 11-458、459）

动作要点：

右脚蹬地，左膝内扣；转体、出棍协调一致，力达棍身。

动作用途：

主要防护左上方的攻击。

6. 搂抓反手劈击

动作过程：

身体略左转，左手向左上方搂抓，右手顺势左后回带而反手向右前下方劈击，两眼注视前向。（见图 11-460~462）

动作要点：

转体拧腰、搂抓、反手劈击要协调一致；身体要沉肩、含胸而将搂抓与反劈的两力对称而发，形成整体力。

动作用途：

主要防护反击对方的大腿部。

7. 双手持棍左右格挡

动作过程：

右手屈臂回收，将棍横收于胸前，左手握住棍的前段，右脚内收并下蹲，右脚向右侧方横迈一小步，左转身拧腰，将棍向左上方直线推出格挡。左手持棍在下，右手握棍在上，两眼注视左前方。（见图 11-463、464）

双手屈臂回收，将棍横收于胸前，左脚内收并下蹲，左脚向左侧方横迈一小步，右转身拧腰，将棍向右下方直线推出格挡。左手持棍在下，右手握棍在上，两眼注视右下方。（见图 11-465、466）

动作要点：

右脚蹬地，拧腰；转体、出棍协调一致，力达棍身。

动作用途：

主要防护左上方和右下方的攻击。

8. 缠头格挡劈击、棍把戳击

动作过程：

身体重心左移，收右脚并将脚前掌前点，左手松握棍成掌，右手持棍，棍前端朝下由前向左后，绕过头部，再经右侧而向前横劈，同时左手在右臂下穿过由右向左前搂抓；在右手棍缠绕头部防守劈击和左手穿臂搂抓的同时，右脚前迈成右弓步；左手抓握棍身中段，双手握棍收于侧腹前并发力将棍的把端向前戳击，完成弓步戳击动作，两眼平视前方。（见图 11-467～473）

动作要点：

重心左移起身收腿与左手穿掌及右手棍缠头动作要同时协调进行，右脚迈步成弓步与左手搂抓及右手棍绕头劈击要同步协调一致，形成上体、步移、穿臂挥臂的整体发力；棍横向劈击后的棍把端戳击动作要借助躯干的内收和外展发力，力达棍把端。

动作用途：

主要防护对方对我头部的侧面攻击，并反击对方腿部及腹胸部。

第二段

9. 退步缠头格挡左右劈击

动作过程：

身体重心后移，收右脚并右左脚连续后插步，左手松握棍成掌，右手持棍，棍前端朝下由前向左后，绕过头部，再经右侧而向前横劈，同时左手掌在右臂下穿过由右向左前搂抓再向右横向拍按，左右两手臂在胸前交叉；然后左右手横向反手拍按和劈击。在右手棍缠绕头部横向劈击和左手穿臂搂抓的同时，右脚完成后插步；在左右手横向反手拍按和劈击的同时，左脚完成后插步。然后右脚后撤一步，左手前置，右手棍回收于右腹前，两眼平视前方。（见图 11-474～486）

动作要点：

重心左移与左手穿掌搂抓及拍按以及右手棍缠头劈击动作要协调进行，形成上下、手臂及棍的整体的流畅及刚柔相济。

动作用途：

主要防护对方对我头部胸部的攻击，并反击对方腿部及腹部。

10. 格斗姿势

动作过程：

右脚略向后调整，脚间距约一脚半宽，两腿微屈；身体成约45°侧向正前方，重心略偏右腿，两眼注视前方。同时右手持棍，屈肘夹臂，将棍架于右肩上，棍把指向前方。左手成掌向前方自然推出，掌心朝侧方，左掌约与鼻同高，大小臂弯曲大约90°，成格斗姿势。（见图11-487、488）

动作要点：

身体自然，含胸、沉肩，微收下颏。

动作用途：

主要注视对方，准备进攻或防守。

11. 双手持棍下格挡

动作过程：

右手将棍横收于胸前，左手屈臂回收握住棍的前段，将棍向前下方直线推出格挡，两眼注视左前方。（见图11-489、490）

动作要点：

右脚蹬地，左膝内扣形成合力而固身体，左手按压棍而不紧抓棍，出棍下压要肩臂身协调发力，力达棍身。

动作用途：

主要防护前下方的攻击。

12. 双手持棍前平推

双手屈臂回收，将棍横收于腹前，左脚向前迈步身体滑步向前，将棍向前上方直线推出格挡，两眼注视前方。（见图11-491、492）

动作要点：

双手臂前伸，塌腕沉肩，含胸拔背，双脚蹬地，自下而上形成整体的合力，力达棍身。

动作用途：

主要防护及推击对方。

13. 右左缠棍戳击

双手屈臂回收，右手将棍把弧线向上向前下划圆，同时，左手将棍的端随之而做向后向上再向前的划弧运动，然后将棍成棍端朝前的水平状而收于腹前，左脚向前迈步成弓步，将棍向前方直线捅击而出，两眼注视前方。（见图11-493~500）

动作要点：

双手紧握棍而作弧线的向内绕压，同时注意拉棍靠近自身的回收用力。

动作用途：

主要防护解脱对方的抓棍抢夺并反击其腹部。

14. 挑臂别压

双手持棍上挑，弧线向后划圆下压，身体由左弓步转换成右弓步，两眼注视侧下方。（见图11-501~503）

动作要点：

双手紧握棍在两腿蹬伸、拧腰转换步型的整体配合下而做弧线的挑压动作，同时注意拉棍靠近自身的回收用力。

动作用途：

主要对对方手臂的别压控制。

15. 棍把挑击

双手持棍随着身体由右弓步转换成左弓步的发力，将棍把端弧线向前上方后挑击，两眼注视前上方。（见图11-504~506）

动作要点：

棍把端的挑击要借助两腿蹬伸、拧腰转体之力而带动手臂完成挥挑动作。

动作用途：

主要攻击对方的下颌部位。

16. 双手持棍劈击

双手持棍随着身体由左弓步转换成右弓步，而完成右斜下劈击的动作，两眼注视正前方。（见图11-507~509）

动作要点：

双手紧握棍借助拧腰转体之力将捷径向右下挥劈,力达棍身前段。

动作用途:

主要攻击对方的手臂及大腿等部位。

预备姿势(并步收棍)

身体重心前移,收右腿向左腿靠拢成立正站立姿势,双手在胸腹前斜向握棍,两眼平视前方。(见图11-510、511)

三、练习方法

短棍操的学练一般分为五个阶段、五个步骤。

(一)阶段

第一阶段:

持棍的手腕及手臂的协调性练习。本阶段的目的是熟悉短棍的基本运作规律。练习时,可做一些持棍的舞花动作及多方向的劈、戳、格动作。

第二阶段:

基本技术练习。本阶段的目的是发展专门身体素质并掌握基本攻防技术。

第三阶段:

技术动作的攻防组合练习。本阶段的目的是掌握动作的组合技术、发展技术动作的协调完成能力。在前两阶段的基础上,练习者可将一些单个动作串联为小组合,练习熟练后,再逐渐加大组合内容。

第四阶段:

分段练习。本阶段的目的是进一步熟练单个技术和组合技术及技术动作的连贯协调性,掌握动作节奏感。练习中,可将1-8及9-16的技术动作各为一段,共分两段,依次排列。也可将1-4技术动作为一段,5-8技术动作为一段,9-12技术动作为一段,13-16技术动作为一段,分四段进行练习。

第五阶段:

组合、分段和整套的综合交叉练习。本阶段的目的是进一步强化动作的规格要求、劲力和节奏掌握;掌握体力的分配技巧;提高演练的精神、气质表现。

(二)步骤

第一步骤:

弄清动作的方向路线,理解动作的实战攻防含意。

第二步骤：

掌握单个动作姿势准确和规范。

第三步骤：

组合动作，使动作贯穿完整、协调。

第四步骤：

掌握动作的劲力、节奏、精神、眼法等技巧。

第五步骤：

综合体验、理解，达到身形兼备、内外合一的要求。

第十二章　防暴器械常识及其使用

第一节　防暴枪

防暴武器大多是由军用武器和民用枪支演变发展而成的,它是用来发射防暴弹的一种专用武器,是一种专门对付骚乱人群的非致命的非杀伤性武器,主要用于制止骚乱人群和群体械斗事件。它与战斗装备不同,主要是以软质射体和化学药剂所产生的动能、化学性蒸气或气化物,对人体的痛觉、视觉、听觉、皮肤起粘膜作用,达到驱散人群、控制局面的目的,既不致命、不致残,又能使之惊恐逃逸或迅速丧失战斗力。这些年,我国相继生产装备了38mm、35mm防暴武器,为平息骚乱,稳定社会秩序,维护公众利益发挥了有效的作用。下面介绍几种国内外常用防暴枪。

一、国产警用 38 毫米防暴枪

警用38毫米防暴枪,是我国自行设计和生产的。该枪系列产品有长枪和短枪。(图12-1、图12-2)

(一) 主要用途及其特点

警用38mm防暴枪是一种发射非致命性弹药的小型滑膛枪。该枪外型美观,重量轻,构造简单,使用和维修、保养方便,这种枪机件结构紧凑,动作可靠,连动式发射机可以实弹补火,能适应我国不同地区的自然条件。

(二) 战斗性能

1. 射击方式:单发,并有联动机构。

2. 战斗射速：8-10 发/分。

3. 使用弹种：非致命的 38 毫米系列弹（爆炸弹、燃烧型催泪弹、橡皮弹等）。

（三）主要诸元

警用 38 毫米防暴长枪：

1. 口径：38 毫米。

2. 枪全重：3 公斤。

3. 枪全长：830 毫米。

4. 有效射程：130 毫米。

图 12-1

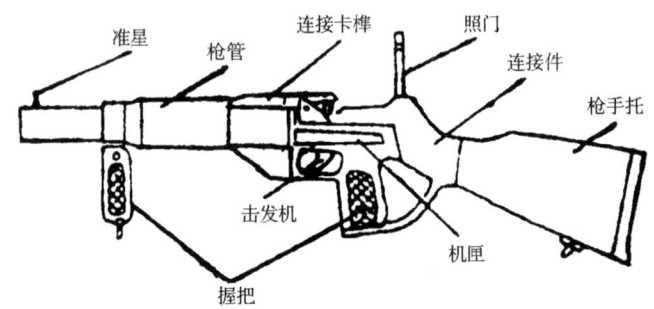

图 12-2 防暴枪的大部机件名称

5. 初速：80~90 米/秒。

6. 瞄准具：准星、照门、孔式表尺。

7. 膛压：20 公斤/平方厘米。

警用 38 毫米防暴短枪：

1. 口径：38 毫米。

2. 枪全重：1.3 公斤。

3. 枪全长：300 毫米。

4. 有效射程：75 米。

5. 初速：40~50 米/秒。

6. 瞄准具：准星、照门、孔式表尺。

7. 膛压：20公斤/平方厘米。

二、国产九七式 18.4 毫米防暴枪

九七式 18.4 毫米防暴枪是我国自行设计研制的中口径防暴武器。它为我国警用防暴武器又增加了新品种，填补了一领域里的空白。该枪以其可靠的性能和加工质量居国内领先水平，并出口世界许多国家，在国际市场上也占有一席之地。（图 12-3）

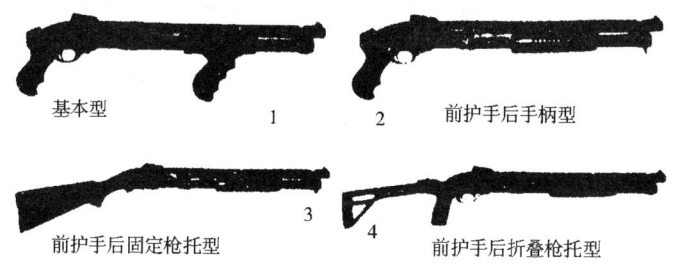

图 12-3　国产九七式 18.4mm 防暴枪

（一）主要用途及特点

九七式 18.4 毫米防暴枪，主要装备国内各级公安机关所属刑侦、治安、巡逻、防暴等警种和符合《中华人民共和国枪支管理法》公务配备用枪规定的专职守护、押运人员使用。用于在 50 米距离内制服隐蔽在建筑物内的骚乱人群。

（二）主要诸元

1. 口径：18.4 毫米。

2. 全枪重：2.65 公斤。

3. 全枪长：660 毫米。

4. 枪管长：420 毫米。

5. 射击方式：手动供弹，单发。

6. 弹匣容量：5 发。

7. 配用弹种：18.4 毫米催泪弹。

　　　　　　18.4 毫米染色弹。

　　　　　　18.4 毫米防暴动能痛块弹。

18.4毫米防暴动能霰弹。

18.4毫米杀伤霰弹（必要时使用）、40毫米催泪弹。

三、英国38毫米多用途防暴枪（图12-4）

（一）主要用途及特点

图12-4　英国38mm多用途防暴枪

英国38毫米多用途防暴枪是用来发射木质弹、橡皮弹、催泪弹、塑料弹等防暴弹。主要用于对付聚众闹事、流氓斗殴及各种反恐怖场合。其特点：激动性好，准确度高，可发射多种弹，以适用不同的情况。

（二）主要诸元

1. 口径：38毫米。
2. 射击方式：单发。
3. 供弹方式：手动单发。
4. 表尺：立柱式。
5. 有效射程：90~130米。
6. 全枪重：3.18公斤。
7. 配用弹种：进口或国产38毫米系列防暴弹。

四、防暴枪的防卫使用方法

当保安人员发现犯罪分子或犯罪嫌疑人正在实施犯罪行为时或自身安全受到威胁时，应立即做好射击前准备。

射击时，持枪立于射击位置，左脚向前迈一小步或右脚向后撤一小步，身体重心位于两腿之间，双手握枪，右手握枪把，两臂稍内合，双手协力调整好射击角度（根据枪的性能和所射击的距离调整枪口的角度），即可实行射击。

当射程为 40 米时，可用照门和准星进行射击，表尺竖起时，应用表尺上的孔和准昨瞄准射击。

表尺上有两个圆孔，当射程为 60 米时，用表尺下面的圆孔进行瞄准射击；当射程为 100 米时，用表尺上面的圆孔进行瞄准射击。

第二节　电击器

一、强光电击器

QG—3 型强光电击器，外型像手电筒，头部装有两个金属电击环。使用时利用脉冲电灯产生极强的闪光，其瞬间亮度大大超过阳光，并有高压电击功能，足以使 5 米以内在暗中的被照人于 20 秒至 30 秒内处于失明状态，从而使持有凶器的犯罪分子及犯罪嫌疑人暂时丧失战斗力。金属电击环触及人体时，可产生 2400 伏以上的高压，具有电警棍的效果。

二、电警棍

电警棍是公安、司法、武警和保安人员依法配备和使用的专用警械具。它对于保障保安人员依法有效地执行任务，维护治安，抓捕罪犯，及时制止犯罪行为，保护人民群众的安全和进行正当防卫起着非常重要的作用。目前，我国公安、司法、武警、保安所使用的警棍主要有以下几种。

（一）723 型电警棍，又称大电警棍。（图 12-5）

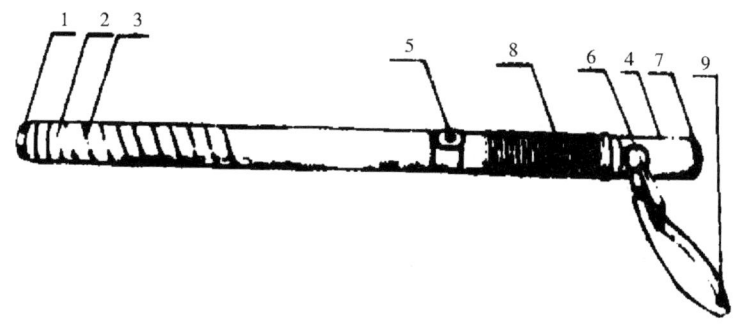

图 12-5　723 型电警棍

主要结构：

1. 高压触点。

2. 棒芯。

3. 螺旋线。

4. 棒体。

5. 开关。

6. 金属持钩。

7. 后盖。

8. 手柄。

9. 尼龙挽套。

（二）725型小电警棍。（图12-6）

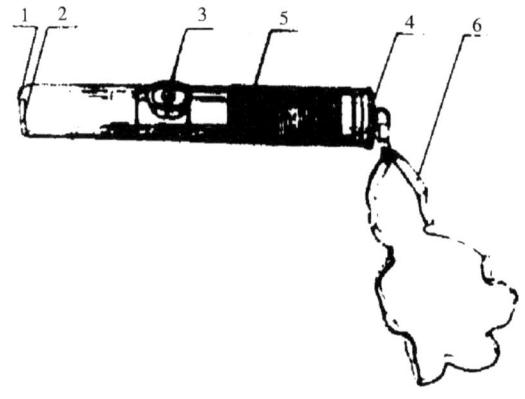

图12-6　724型普通胶木电警棍

主要结构：

1. 高压触点。

2. 寻电片。

3. 防水开关。

4. 后盖。

5. 手柄。

6. 尼龙挽套。

(三) 724型普通胶木电警棍。(图12-7)

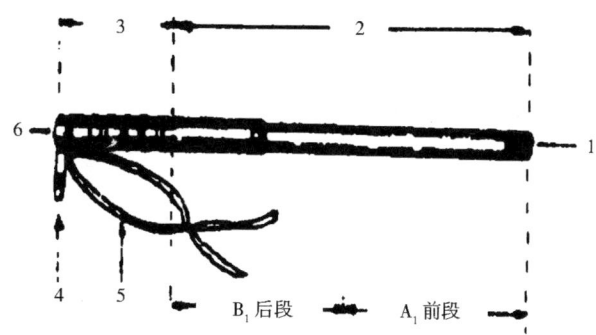

图12-7　724型普通胶木电警棍

主要结构:

1. 棍顶端。

2. 棍身(A:前段；B:后段)。

3. 棍柄。

4. 卡钩。

5. 挽套。

6. 棍根。

(四) 电警棍使用方法

电警棍主要是以电击为主，使用时，一般用右手握住电警棍的手柄，并将尼龙挽套套在腕上，以防止被歹徒抢夺或用力猛甩出。用拇指对准电门开关下按，警棍便发出一种轻微的"吱吱声"，此时，顶端高压触点及金属螺旋线便带有数千伏脉冲电压，将高压触点及金属螺旋线触及人体皮肤，被击者就会产生剧烈的麻木酸痛感。例如瞬间触电，使其产生紧张和畏惧心理，从而失去抵抗能力，被迫就范。电警棍虽然输出脉冲电压较高，但是由于输出功率较小，电流适中，因而触及人体后会产和瞬间的痛感，但不会造成伤残或发生生命危险。

当使用电警棍时，一经触及人体皮肤，应立即收回警棍，不可长时间地将触点接触皮肤，否则会失去其威力。如想连续电击，可在人体皮肤上来回接触，亦可用金属螺为旋线在人体皮肤上进行摩擦。总之，以似触非触时的电击效果为最好。

在搏斗时，应避免对方握住金属螺旋线。一旦握住可连续按压开关或用力使棍体旋转，迫使对方稍有松动，再按开关使其触电。在特殊紧急情况下也可用电警棍打击对方，但棍体是用铝合金管制成，上端装棒芯，质量较重，击打头部会有生命危险，使用时一定要注意。

使用电警棍还要注意以下事项：

1. 电警棍的电源为镉镍电池，镉镍电池出厂时为放电状态，因此一定要进行充电后，方可使用。

2. 警棍使用前，应该进行性能检查，看看电门开头是否失灵，开关按下后，电源是否接通，后盖是否上紧。用高压触点触及金属物体应有蓝色火花产生，但次数不宜过多或过长，以免电池容量消耗。

3. 不要打击坚硬物体，以防棍体折断。

4. 警棍的橡胶套，应经常用酒精擦洗，以保持清洁和良好的绝缘性。不要沾上油污，以防橡胶老化。

三、闪电防卫器

闪电防卫器是目前世界上最先进的自卫防身器材。闪电防卫器是警卫、值勤、巡守人员的理想器材。它既能防卫，又可远距离（5米）主动进攻罪犯，紧急情况下有效制止犯罪，稳定社会治安。(图12-8)

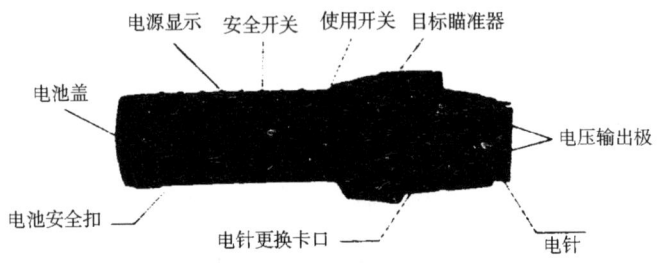

图 12-8 闪电防卫器

(一) 主要特点

1. 轻巧便携

这种闪电防卫器，体积小，重量轻（重量200克，体积像手机或遥控器），它没有武器外观，是一种不具备生命危害的防卫器材。

2. 可瞬间使攻击者或犯罪嫌疑人瘫痪3至15分钟。

这种防卫器的动力来源是压缩高压气体，它可喷射出两条5米长、带有刺针的导线。其导线上携带有50KV的高压电，当保安人员遇到危险或受到攻击时，可使用此种防卫器，使犯罪分子或犯罪嫌疑人暂时瘫痪3至15分钟，使其失去攻击能力。例如：犯罪分子或犯罪嫌疑人被枪弹击中往往会有10秒钟延续反击时间，而有86%的测试者被此种防卫器击中能瞬间使其瘫痪。

3. 不会对被制服者有致命或终身性伤害。

因为在人体神经系统中可分为：可控制神经及不可控制神经两种，可控制神经是由脑部来控制手、脚等动作。而这种闪电防卫器能产生模仿人体可控制神经所使用的T—WAVE电子波，只阻断脑部与身体间的正常通讯，并不影响其人不可控制神经，例如：心跳、脉搏等，所以对人体无伤害性。

4. 内设编码标签。

这种闪电防卫器的电针都有固定编码，购买时对买者身份记录与编码相对应。当有人用这种防卫器从事犯罪活动时，电针会释放出编码的识别标签散落于地上，可共执法人员掌握与追踪。

（二）性能指标

1. 比化学喷剂或子弹对人体反应更快速。
2. 有效距离5米，最佳使用距离2~3米。
3. 可穿透2英寸厚皮衣。
4. 恢复清醒所用时间3至15分钟（因人体性能的不同而异）。
5. 温度范围报摄氏-7摄氏度至46摄氏度。
6. 重量：200克。
7. 电池：9V标准。
8. T—WAVE电子波输出尖锋电压50KV。每尖锋脉波10000瓦特。

（三）使用方法

使用时，首先握住闪电防卫器，并将红色瞄准线对准目标（有效距离5米，最佳使用距离2~3米）。同时肘置于胃部高度，用双手握住主机并把手指移离电针,打开安全保险滑动开关,瞄准犯罪分子或犯罪嫌疑人大约胸部范围,然后按使用开关,即可制止犯罪分子或犯罪嫌疑人的犯罪行为。若背后受袭也可当作防卫器使用。

四、电致晕枪

电致晕枪是一种装有高压发生电路的电击器。按外形划分,有直形握把式或弯头形握把式(图12-9)警棍式和手枪式(图12-10)等形式。图12-9为日本东亚保安公司的两种便携式电致晕枪。左图为小型可产生10万伏高压。右图为大黄峰型,是世界上最小的袖珍型,产生400伏电压,但电流较大,其威力与9万伏致晕枪相当。图12-10为警棍式(左)与手枪式(右)致晕枪。左中图的电棍是当扣扳机时被弹簧弹出的。这种高压装置也可装在公事皮包内,利用"遥控"开关可使包上的锁等金属件带高压电,以防包内遭重物品被盗劫。

图12-9　日本东亚保安公司的两种便携式电致晕枪

电致晕枪的高压一般为10万伏以上,目的是在徉动时发生"劈劈啪啪"的火花和声响,电压越高,火花和声响越大,其恐吓效果也越大。由于高压下的电流微弱,不会导致后遗症和永久性残疾,袖珍式致晕枪只有香烟盒上,便于结在钥匙链上随身携带。危急时打开高压开关,用向外的一头触及歹徒肉体,可使其休克10~15分钟,以便呼叫巡警将其逮捕。

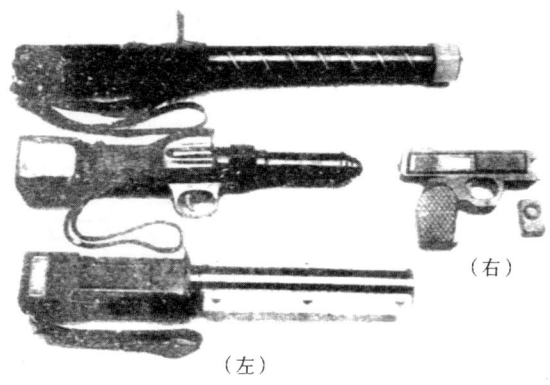

（右）

（左）

图 12-10

第三节 枪弹知识

一、枪弹的演变

枪弹的发展经历了漫长的历程。最早的枪弹是球形的，后来逐渐为椭圆形和圆柱锥形。1848 年，法国军官米涅发明了中空长圆柱、尖头弹丸，这种弹丸的底部被掏空成圆锥形，然后再用一个碗状铁塞堵上。发射时，火药爆炸的力量将铁塞压入掏空部分，使铅弹丸扩张。后来米涅式弹丸又进一步改进为思菲尔德式弹丸，这种弹丸的长度为米涅式弹丸的 2 倍，以锥形木塞代替碗状铁塞，弹丸外部没有环行凹槽。1852 年，英国的军械师威金逊和地利炮兵军官罗伦菲上尉同时发明了压缩式弹丸。它也是一种铅制长弹丸，在弹丸的圆柱体部分刻有两道很深的环行凹槽，发射时靠火药的力量使弹丸沿纵方向受到压缩，而沿横方向发出膨胀。

从 19 世纪 60 年代开始，整装式枪弹出现了，早期的整装式枪弹采用纸药筒，以后改进为金属药筒。19 世纪 80 年代末和 90 年代初，由于无烟火药的采用，枪弹普遍改为被甲式，即将铅心装入黄铜或钢制被甲中。

二、枪弹的种类

枪弹系指用枪械发射的弹头及弹药，口径一般定在 20 毫米以下。根据弹头弹道飞行稳定方工的不同，可分为旋转稳定式枪弹、尾翼稳定式枪弹、混合稳定式枪弹和随意稳定式枪弹等类型。见表1所示。

表1

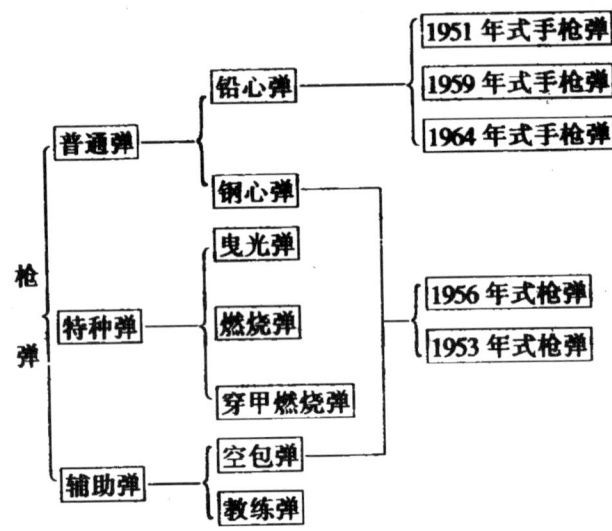

（一）手枪弹

手枪弹，供手枪发射用。其中某些兼供冲锋枪发射的，也可称作手枪冲锋枪弹。目前军用手枪弹的主要口径有：5.45毫米，7.62毫米，9毫米和11.43毫米。

（二）步枪弹

步枪弹，供步枪发射用。其中某些兼供机枪发射的也称作步机枪弹。目前，军用步枪弹的主要口径有：前苏联的5.54毫米、北约的5.56毫米，我国即将列装的5.8毫米以及7.62毫米等。

大口径机枪弹

大口径机枪弹，供大口径高（平）射机枪、航空机枪、舰载式、车载式机枪以及并列机枪发射用。主要口径有：12.7毫米和14.5毫米，其中以前者最为普遍。

（四）运动枪弹

运动枪弹，主要包括小口径运动步枪弹、运动手枪弹、转轮枪弹、大口径跑鹿弹、大口径军用比赛弹、气枪弹及猎枪弹等。

（五）防暴弹

防暴枪弹是依靠弹头动能打击目标，以慑服和平息暴乱的枪弹。弹头通常用塑料、橡胶、木质等非金属材料制作。主要口径有：35毫米、38毫米和18.4毫米。

三、枪弹结构及作用

典型的枪弹是由弹头、弹壳、底火和发射药四部分组成。弹头是用以杀伤敌人的有生力量，弹头的外部是被甲，内部是铅心（钢心）。弹壳用以容纳发射药，安装弹头和底火。底火用以点燃发射药，发射药燃烧后产生火药气体推送弹头前进。

（一）普通枪弹

1. 手枪弹（图12-11）

手枪弹在25米距离上能击穿：5~10厘米厚的木板；
　　　　　　　　　　　　　2~3毫米厚的钢板；
　　　　　　　　　　　　　30~40厘米的土层。

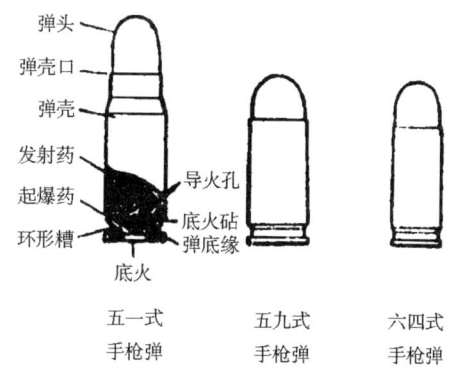

图 12-11　子弹

2. 步枪弹和边缘发火的运动枪弹。（图12-12）

（二）催泪弹

催泪弹是用内部药剂燃烧或爆炸时产生催泪剂云团，刺激有生目标的眼睛和呼吸道，使其流泪、流鼻涕，从而暂时失去抵抗能力的一种防暴弹。催泪弹又分为燃烧型和爆炸型两种。

1. JR1—A 型燃烧型催泪弹

燃烧型催泪弹是引火之后，以燃烧的方式释放刺激性催泪毒剂的一种防暴弹。它由弹体、保险装置、发火装置、催泪剂和燃烧剂构成。

主要技术性能指标：

弹长：123 毫米。

弹体外径：37 毫米。

弹重：180 克。

延期时间：1~4 秒。

急促喷烟距离：17~20 米。

有效作用空间：室外 300 立方米。

室内 3000 立方米。

适用温度：+45 度~-40 度。

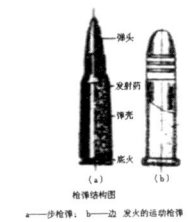

图 12-12

2. JR2—B 型爆炸型催泪弹

爆炸型催泪弹是引火之后，以爆炸的方式释放催泪毒剂的一种防暴弹。它由弹体、发火装置和催泪剂组成。

主要技术性能指标：

弹长：123 毫米。

最大弹径：48 毫米。

弹重：250 克。

延期时间：2.8~3.8 秒。

有效作用空间：室外 300 立方米。

室内 3000 立方米。

（三）国产新式 38 毫米防暴弹

一种新式防暴弹——38 毫米枪发和手投两用发烟型催泪弹（以下简称 38 两用弹），于 1997 年 10 月设计定型。该弹属国内外首创，它的研制成功将充实我国公安防暴装备。

38 毫米两用弹可用警用 38 毫米防暴枪发射，亦可手投，主要用于驱散、阻止非法聚众的骚乱人群和暴乱分子，还可用于制服隐藏在建筑物内的暴徒。其催泪威力，在有利气候条件下（气温 15℃，垂直稳定度等或逆增风速 1~2 米/秒）

离地面 1 米高处，单发静燃后 1 分钟平均能的浓度达到骚乱浓度（CN 不 5 毫克/立方米、CS 为 3 毫克/立方米）的威力幅员面积大于 150 立方米，室内威力在 300 立方米以上。（图 12-13）

主要技术指标如下：

弹径：小于 37.5 毫米

弹长：小于或等于 122.5 毫米

弹重：小于或等于 148 克

最大射程：大于或等于 110 米

手投延期时间：2~3 秒

主要性能特点：

1. 该弹可装枪就打、拿来就投，使用方便灵活，机动性好，手投与枪发可形成梯次火力配系，使用安全、作用可靠。

2. 该弹用途广泛，改变主装药可形成防暴弹系列，满足防暴的多种需要。可手投、枪发、可用简易发射器发射。

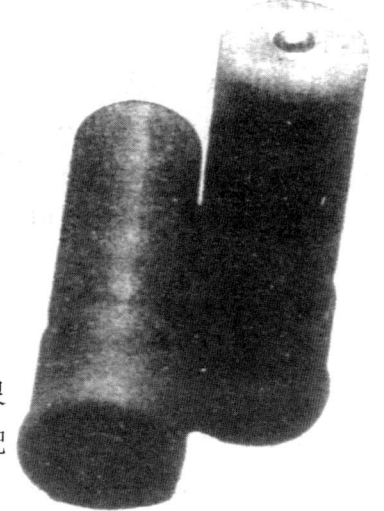

图 12-13

3. 催泪药剂配方合理，作用时无明火，克服了高温解体和低温瞎火的矛盾。

4. 广泛采用塑料件，简化了工艺，减轻了重量，提高了安全性。

5. 该弹的突破点是：体积小、重量轻；射击精度高。即枪发射时可销毁拉火帽，手投时可销毁底火，不留后遗症；发射时后坐力小、声响小、火光小、污染小。

（四）猎枪弹

猎错枪弹，主要是指使用在滑膛单、双管猎枪上的枪弹。猎枪弹与其他枪弹在外形和内部结构上，有着很大的不同。它弹径大，使用铅制霰弹丸，弹为圆柱平头。

猎枪弹由弹壳装入无烟发射药、塑料枪托、铅霰弹、平头卷边或梅花形折边封口成型。弹壳由牛皮纸或塑料管、钢底座、塑料底垫和闭口式底火构成。猎枪弹有多种型号，目前我国主要生产 12 号和 16 号两种猎枪用弹。工厂生产的原封猎枪弹，多为一次性使用的纸制或塑料制弹壳，金属弹壳为猎手们进行多次复装

使用。(图12-14、15)

图 12-14　猎枪弹外形

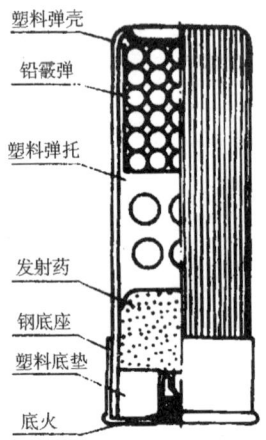

图 12-15　猎枪弹的内部构造

猎枪弹的主要技术指标：

口径号：12　　　　　　16

弹重：32~36 克　　　28~30 克

最大膛压：350~500公斤/平方厘米

初速：350~425米/秒

最大射程：40~60米

射击密集度：一般用750毫米直径靶纸，在距离靶35米处射击，命中率为60%以上。

第四节　对杀伤性武器的防卫

随着保安作用的不断提高和保安队伍的不断扩大，保安人员的装备正得到不断更新，逐渐步入正规。目前破坏社会治安的犯罪分子的犯罪方式以携带武器和械具者居多。如果犯罪分子或犯罪嫌疑人手中有武器，而我们只靠手中的简单械具或徒手空拳是难以制服和制止犯罪分子的犯罪行为的。尽管目前没有装备或不装备杀伤性及非杀伤性武器，保安人员也应熟悉和掌握这些武器的使用方法、战斗性能、各种诸元以及具备良好的射击技能，这样才能更好地保全自己，打击罪犯，才能做到防患于未然，有备无患。一但犯罪分子使用武器，保安人员也能做到正确判断此种武器的杀伤范围和杀伤效果，做到心中有数，并可迅速寻找身边可利用不被击穿的地形地物掩蔽身体，寻求支援。还可寻找机会进行防卫反击，反夺犯罪分子的武器，为我所用，变被动为主动。

一、武器常识简介

（一）手枪

1. 1954年式7.62毫米手枪

1954年式7.62毫米手枪是我国仿前苏联1933年（TT式）手枪而制造的。于1951年试制，1954年正式投产使用，简称"五四式"手枪。五四式手枪是近距离内使用的自卫式攻击武器。这种枪在50米内射击效果最好。（图12-16、17）

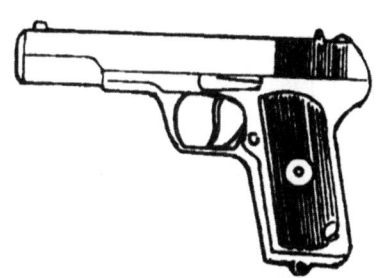

图12-16　"五四式"手枪

——战斗性能

（1）有效射程：50米。弹头飞到550米仍有杀伤力。

（2）战斗射速：约30发/分。

（3）射击方式：单发（半自动）。

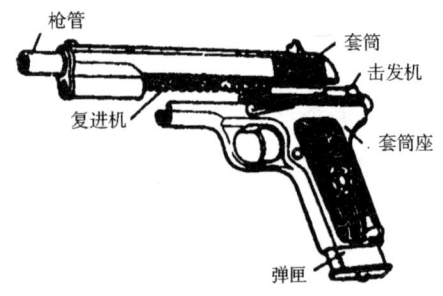

图 12-17 "五四式"手枪的大部机件

（4）供弹方式：用弹匣供弹（容量为 8 发）。

（5）使用弹种：用 1951 年式 7.62 毫米普通手枪弹。

——主要诸元

（1）口径：7.62 毫米。

（2）初速：420 米/秒。

（3）枪全重（带空弹匣）0.85 公斤。

（4）弹匣容量：8 发。

（5）使用寿命：3000 发。

图 12-18 "六四式"手枪

（6）最大飞行距离：1630 米。

2. 1964 年式 7.62 毫米手枪

1964 年式 7.62 毫米手枪，是我国 1964 年自行设计生产并投入使用的一种手枪，简称为"六四式"手枪。该枪是近距离内使用的自卫攻击武器，有联动击发和弹匣回扣机构。可迅速射击和补火。（图 12-18、19）

——战斗性能

（1）有效射程：50 米。弹头飞到 400 米仍有杀伤力。

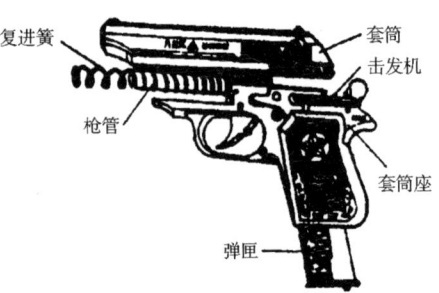

图 12-19 "六四式"手枪的大部机件

（2）战斗射速：约 30 发/分。

（3）射击方式：单发（半自动）。

（4）供弹方式：用弹匣供弹（容弹量为 7 发）。

（5）使用弹种：用 1964 年式 7.62 毫米手枪普通弹。

——主要诸元

（1）口径：7.62 毫米。

（2）初速：290~310 米/秒。

（3）枪全重（空弹匣）：0.56 公斤。

（4）弹匣容量：7 发。

（5）使用寿命：1500 发。

（6）最大飞行距离：1100 米。

3. 1977 年式 7.62 毫米手枪

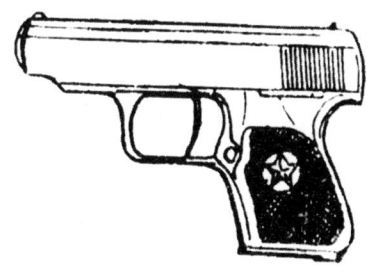

图 12-20 "七七式"手枪

1977 年式 7.62 毫米手枪是我国 1977 年自行设计生产并投入使用的一种手枪，简称为"七七式"手枪。该枪是近距离内使用自卫或攻击性武器，有单手装填机构，可迅速完成装填枪弹和"瞎火排弹"动作，在 50 米内射击效果最好。（图 12-20、21）

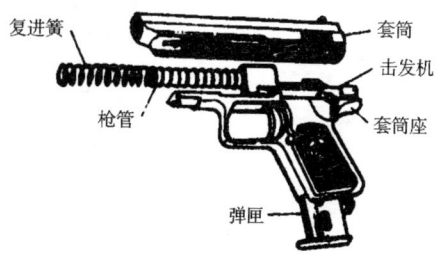

图 12-21 "七七式"手枪的大部机件

——战斗性能

（1）有效身程：50 米。

（2）战斗射速：约 30 发/分。

（3）射击方式：单发（半自动）。

(4）供弹方式：用弹匣供弹（容弹量为7发）。

(5）使用弹种：1964年式7.62毫米手枪普通弹。

——主要诸元：

(1）口径：7.62毫米。

(2）初速：310米/秒。

(3）全枪重（带空弹匣）：0.5公斤。

(4）供弹方式：用单匣供弹（弹容量7发）。

(5）使用寿命：1500发。

(6）弹头最大飞和距离：1100米。

4. 德国P9S9毫米手枪（图12-22）

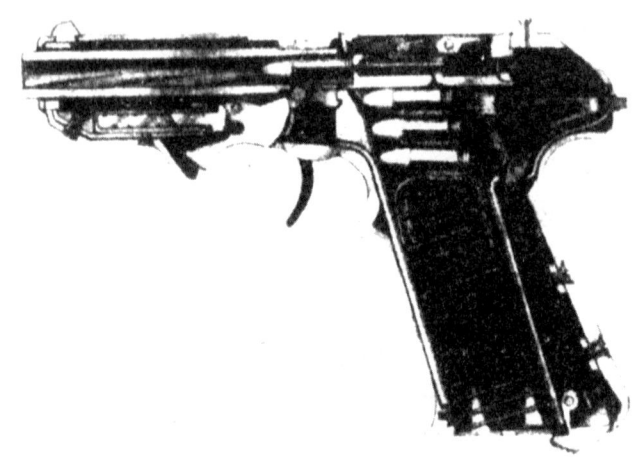

图12-22　P9S9mm手枪剖面图

——主要用途及特点

P9S9毫米手枪系德国HK公司研制的警用手枪，发射9毫米巴拉贝鲁姆弹。该枪自1972年开始装备德国警察部队，并为世界上许多国家的警察和军队所装备。该枪另有一种型号口径为0.45英寸，发射0.45AGP弹；此外，还曾少量生产过一种7.65毫米型，发射7.65毫米巴拉贝鲁姆手枪弹。

该枪除采用机械延迟开锁式闭锁机构外，另有一特点是枪管采用多边弧形膛线，线膛截面形状为直线与圆弧相切组成，圆滑过渡，阳线较宽。其优越性是：

弹头易于嵌入膛线,可减少能量的消耗;加之闭气性能好,火药燃气能量利用率高,因而可提高弹头初速和枪管寿命。此外,还可减少火药残渣的聚积,便于擦拭保养。

——主要诸元

(1) 口径:9毫米(或0.45英寸)。

(2) 自动方式:半自动枪机式。

(3) 发射方式:半自动。

(4) 弹匣容量:9发(0.45:7发)。

(5) 全枪重量:850克(0.45:790克)。

(6) 使用枪弹:9毫米巴拉贝鲁姆枪弹;0645AGP弹。

5. 美国9毫米史密斯—韦森M5904式手枪

——主要用途及特点

9毫米史密斯—韦森M5904式手枪,是史密斯—韦森股份有限公司于20世纪80年代末专为美国警方研制的一种新型手枪。由于该枪外形美观、人机工程设计合理、威力大,深受警察们的喜爱,是现在美国警察中使用最广泛的一种手枪。

——主要诸元

(1) 口径:9毫米。

(2) 射击方式:半自动。

(3) 弹匣容量:14发。

(4) 全枪重量:752克。

(5) 全枪长:190.5毫米。

(6) 使用枪弹:9毫米巴拉贝鲁姆手枪弹。

(二) 冲锋枪

1. 1979年式7.62毫米轻型冲锋枪

1979年式7.62毫米轻型冲锋枪(简称"七九式"冲锋枪)是我国自行设计生产的,于1979年设计定型。它的结构简单,机件牢固,装有可折叠的铁质枪托,体积小、重量轻、携带方便,可实施单发或连发射击,火力较强。(图12-23、24)

——战斗性能

(1) 有效射程：200 米。弹头飞到 1000 米仍有杀伤力。

图 12-23 "七九式"冲锋枪

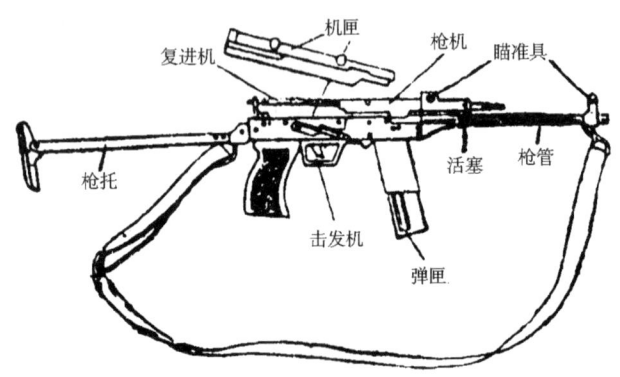

图 12-24 1979 年式轻型冲锋枪大部机件

(2) 战斗射速：单发 40 发/分，连发 70~100 发/分。

(3) 主要射击方式：短点射（2~5 发），还可实施长点射（6~10 发）和单发射击。

(4) 供弹方式：用弹匣供弹（容弹量为 20 发）。

(5) 使用弹种：1951 年式 7.62 毫米手枪弹。

——主要诸元

(1) 口径：7.62 毫米。

(2) 枪全重：带一个空弹匣及附品 1.9 公斤。带一个实弹匣及附品 2.11 公斤。

(3) 全枪长：枪托打开 740 毫米。枪托折叠 470 毫米。

(4) 标尺射程：200 米。

(5) 初速：515 米/秒。

2. 1985 年式 7.62 毫米轻型冲锋枪

1985 年式 7.62 毫米型冲锋枪，是我国自行设计制造的新式自动武器，于 1985 年设计定型。简称"八五式"冲锋枪。该枪结构简单、重量轻、体积小、射击精度好，近距离火力强，保险装置安全可靠，快慢机转换迅速，枪托打开或折叠均能可靠射击，携带使用方便。用以杀伤 200 米以内的有生目标。本枪为自由枪机式自动武器。（图 12-25、26）

图 12-25 "八五式"冲锋枪

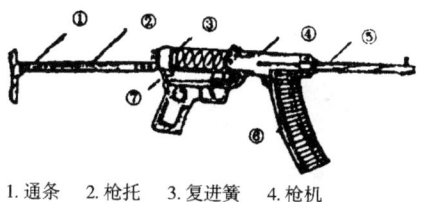

1. 通条　2. 枪托　3. 复进簧　4. 枪机
5. 枪身　6. 弹匣　7. 发射机

图 12-26 八五式轻型冲锋枪全枪结构图

——战斗性能

(1) 有效射程：200 米。

(2) 射击方式：单、连发选择，短点射（2~5 发），还可实施长点射（6~10 发）和单发射击。

(3) 战斗射速：单发射击 30 发/分，点射 60 发/分。

(4) 供弹方式：用弹匣供弹，容弹量为 30 发。

(5) 使用弹种：1951 年式 7.62 毫米手枪弹。

——主要诸元

(1) 口径：7.62 毫米。

(2) 枪全重：带一个空弹匣及附品为 1.9 公斤。带一个实弹匣及附品为 2.2 公斤。

(3) 有效射程：200 米。

(4) 初速：500 米/秒。

(5) 容弹量：30 发。

(6) 使用寿命：8000 发。

3. 德国 9 毫米 MP5（HK54）式冲锋枪

——主要用途及特点

MP5 式冲锋枪是 60 年代初德国 HK 公司研制的，1965 年研制成功，取名 HK54 冲锋枪。1966 年被德国公安部队和边防警察采用，定型为 MP5 式冲锋枪。现在仍是德国公安部门和边防警察的制式装备。同时出口到中东和非洲许多国家，是当代较有影响的冲锋枪之一。该枪可单、连发射击，并有 3、4、5 发三种点射装置。瞄具是柱形准星，可调觇孔照门表尺。（图 12-27）

图 12-27　德国 9mmMP5（HK54）式冲锋枪

——主要诸元

(1) 口径：9 毫米。

(2) 射击方式：单发、连发。

(3) 枪全重：2.97公斤。

(4) 全枪长：680毫米。

(5) 弹头初速：400米/秒。

(6) 战斗射速：800发/分。

(7) 弹匣容量：30发。

(8) 使用弹种：9毫米巴拉贝鲁姆手枪弹。

4. 美国9毫米因特代纳米克MP—9式冲锋枪

——主要用途及特点

该枪是从美国KG—9式半自动冲锋手枪派生出来的，由瑞典福斯克宁斯国际动力公司完成设计改进，美国国际动力公司于80年代制造。这是一种军警两用冲锋枪，体积小、容量大、质量轻，可单手射击，最适合于各种部队和警察在狭窄的空间进行战斗时使用。（图12-28）

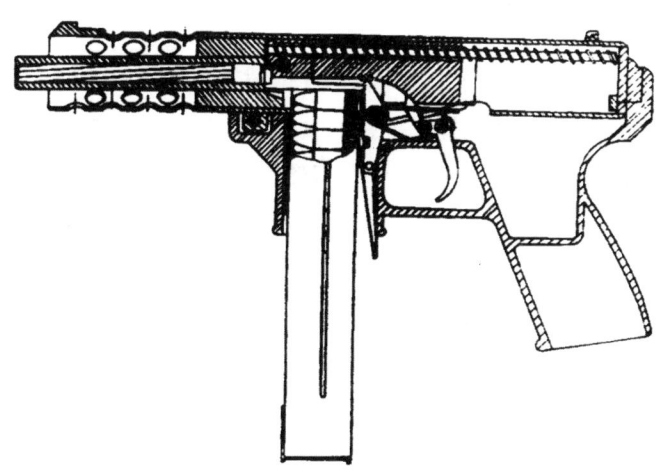

图12-28 美国9mm因特代纳米克MP-9式冲锋枪

——主要诸元

(1) 口径：9毫米。

(2) 射击方式：单发、连发。

(3) 全枪重：1.8公斤。

（4）全枪长：325毫米。

（5）枪管长：130毫米。

（6）弹匣容量：36发。

（7）使用枪弹：9毫米巴拉贝鲁姆手枪弹。

（三）射击技术

1. 手枪射击

（1）据枪

——单臂侧面据枪

身体侧对射击方向。两脚左右分开约与肩同宽或稍宽于肩，两脚的脚尖稍外张并自然站立。身体右侧对正目标，上体与射向约成一个平面。两腿自然挺伸，体重落于两脚上，身体重心略偏于左脚。这种射击姿势身体暴露面小，即能充分发扬火力，又能容易隐蔽自己，机动性强，可随时灵活地转移射击位置，活动范围大，便于对多方位不同距离、不同速度的各种目标进行射击。并且还能充分发挥另一只手的作用。

身体侧身站立后，持枪手以虎口对正握把后方，拇指自然向前伸直，用手掌肉厚部分和余指自然而确实地握住握把，食指第一节根贴于扳机上，左手扳击锤向后成待发状态（六四式、七七式打开保险）。然后，右臂取捷径自然向前伸直，手腕挺直，枪面平正，构成平正准星概略指出目标。

——双臂正面据枪

身体正对目标，两脚左右开立约与肩同宽或略宽于肩，两腿自然伸直或稍微曲，体重落于两脚上，身体重心落于两脚之间。这种射击姿势比较容易掌握，稳定性较好，对训练（培训）时间较短的人比较实用，见效快，特别适应于心理素质和稳定性较差的人。但其缺点是身体正对目标，暴露面积大，而且活动不够灵活，对多方位目标射击时也不够方便。特别是近战中更容易增大自己的伤亡。因此，在实战中是否采用这种姿势一定要慎重，要根据当时的地形、地物、敌我双方的具体情况灵活运用，不要墨守成规。

身体正面站立后，持枪手的持握枪动作同单臂。然后，另一手从下方托握持枪手或抓握持枪手手腕，双手将枪握住后，臂取捷径从胸前向前推出并自然伸直，上体放松，将枪概略指向目标。

——双臂威沃尔式据枪

身体面向目标，以右脚掌为轴，左脚向左前方迈出半步，两脚的开度约与肩同宽，身体与目标约成 45 度角，上体与下肢自然保持在一个垂直面上。这种姿势的最大优点是比单臂和双臂正面姿势更稳定，暴露面也比双臂正面姿势小。其缺点是不如单臂灵活，掌握起来比双臂正面姿势难度大一些。但这种姿势有它一定的优越性，在实战中更为实用。

身体站立后，持枪手持握枪动作同单臂。然后，另一手握住持枪手从胸前向前推出，持枪手僻向前用力，另一手臂弯曲，肘内合，手向后用力，以一手向前推和另一手向后拉的动作稳定枪支，将枪概略指向目标。

（2）瞄准

正确的瞄准动作是：右眼通视缺口和准星，使准星尖位于缺口中央并与上沿平齐，构成平正准星，指向瞄准区，就是正确瞄准。

基本射击瞄准时，应集中主要精力于准星与缺口的平正关系上。正确的瞄准景况是，准星与缺口的平正关系看得清楚，而目标看得较模糊。如果集中主要精力于准星与目标的关系上，就会忽略准星与缺口的平正关系，使射弹产生偏差。如准星在缺口内偏差 1 毫米，在 25 米的距离上弹着点的偏差量：五四式手枪 16 厘米，六四式手枪 21.4 厘米，七七式手枪 20 厘米。在 50 米的距离上弹着点偏差量增大一倍。因此，在瞄准时，要特别重视准星与缺口的平正关系。

在手枪射击时，为使射弹能较好地命中目标，射击时应根据目标距离、目标大小、个人习惯和弹道高等诸多因素，来选择合适的瞄准区。这样能较好地增强信心，防止苛求瞄准和猛扣扳机。

（3）击发

击发时，用右手食指第一节根，单独地、均匀地、正直地、向后扣压扳机，其余手指握持力量不变。当平正准星接近瞄准区之前，应扣落第一道火；当平正准星进入瞄准区内的同时，食指应对第二道火施加压力，做到边瞄准边扣压扳机，达到自然击发。

2. 长枪射击

（1）据枪

据枪时，左手托握表尺下方套筒或弹匣，小臂尽量里合于枪身下方，也可托握表尺下方套筒，将枪自然托住。右手握握把，大臂自然抬起，上体自然前倾，两手正直向后用力，使枪托确实抵于肩窝。

(2) 瞄准

瞄准时，首先使瞄准线自然指向目标，若未指向目标，不可迁就而强扭枪身，必须调整姿势进行修正。需要修正方向时，卧姿可左右移动身体或两肘；跪姿可移动左脚或右膝；立姿可移动双脚。需要修正高低时，可前后移动整个身体或两肘里合、外张，也可适当移动左手托握套筒或弹匣的位置。

(3) 击发

击发时，当瞄准线接瞄准点时，开始预压扳机并减缓呼吸。当瞄准线在瞄准点附近轻微晃动时，应停止呼吸，继续增加对扳机的压力，果断击发，切忌为捕捉瞄准点而猛扣扳机，击发瞬间应保持正确一致的瞄准。若瞄准线偏离瞄准点过远时，则不放松也不增加对扳机的压力，修正后，再继续扣压扳机。

(四) 枪战的特点

在枪战中无论是对于初次参与者还是经验丰富者，无论对警察还是犯罪嫌疑人，其心理上所产生的压力都是很大的，对性命都是生死攸关的。因此，枪战具有以下四个特点：

1. 危险性大。

由于在枪战中，双方使用的均是致命性的杀伤性武器，并以火力杀伤为特点，若被子弹击中则非伤即死。因此，它对于参与者或者遭遇者均具有生死的威胁。

2. 时间短

对执法人员来讲，枪战的发生往往是非常突然的，是一方或双方没有事先察觉或毫无准备的情况下突然出现的，即使对枪战有心理上和行动上的应战准备，由于武器具有巨大的瞬间杀伤力，因此，往往在瞬间发生伤亡。

3. 易受心理因素的影响

从技术上讲，射击技术动作并不复杂，但对于扣压扳机的瞬间要保持枪的稳定性，要求则很高，而要做到这一点，其心理因素的稳定与否起着直接的作用。在枪战中，由于其危险性、急促性及复杂的环境，对时机的选择利用，以及执法人员自身射击技术是否过硬等各种因素的影响，都会对执法人员的心理产生极大的压力，直接关系到射击效果。

二、利用各种地形、地物及掩护物保护自己

所谓地形，是指地貌和地物的总称。地貌是指地面高低起伏的状态，如：平原、凹地、山地、丘陵地等。地物是指地面上自然形成的和人工建造的固体物体，如：房屋、土坎、树木等各种建筑物。掩护物是指能有效遮掩对方的视线和射击，起屏障作用的物体。

保安人员一旦遭到敌方的火力攻击，必须以最快的速度利用地形、地物和掩护物保护自己，然后根据现场的情况，及时正确地利用地形、地物和掩护物进行移动，从而摆脱困境，求得援助。

（一）利用地形、地物和掩护物的目的要求

利用地形、地物和掩护物的目的，是为了在遭到武器攻击时，能更好地保存自己，以争取时间设法摆脱和制止敌方的攻击。为此，保安人员的利用地形、地物和掩护物时，必须注意以下几点：

1. 要做到便于观察和隐蔽身体。

2. 便于防止敌方的地面杀伤。

3. 不要几个人挤在一起，以免增大伤亡，同时也要注意尽量避开独立明显的物体和易燃、易爆、易倒塌的物体以及难以通行的地段（死胡同）。

4. 利用地形、地物时，应根据掩护物的高低、大小、距离远近和是否容易被敌方发现或被其火力威胁的程度等情况，灵活地采取适当的身体姿势。

5. 根据现场的情况，灵活地变换位置，要做到迅速隐蔽地移动，可由下而上地占领，周密细致地观察，不失时机地移动，突然迅速地变换。

（二）对各种地形、地物及掩护物的利用方法

利用地形、地物和掩护物时，应根据目标和掩护物的高低采取适当的姿势，并隐蔽身体，注意观察现场环境的变化。

1. 对墙体的利用

墙体是一种比较好的掩护物，无论是高墙或矮墙都比较坚固，不易被子弹击穿。利用墙体时，要根据墙体的形状和高低选取适当的身体姿势。通常利用矮墙时，可利用其墙的顶端观察对方情况，做出正确判断；利用墙角时，可采用背靠墙面或面朝墙面两种身体姿势。观察时，可稍向外部探出头部进行观察。如需要

反复观察时，要注意变换观察点，不要重复出现在同一观察处。

2. 对门窗的利用

当利用门窗做掩护物，通常可根据门窗的开关方向，选择和利用适宜的一侧。一般情况下，门向右开，应利用门左侧，隐蔽的方向要视对方的具体情况而定；利用窗时，通常可利用其左侧或右下角。所采用的姿势可根据掩护物的高低和现场情景而定。

3. 对树木、电线杆、柱子的利用

树木、电线杆、柱子也是较好的掩护物，坚固性较好，在实战中也较容易寻找到，通常利用其物体的右侧进行观察。采用的姿势要根据其物体的粗细来选择适宜的姿势。一般物体直径在50厘米以上时，可采用各种姿势。

4. 对楼梯的利用

在楼房内与犯罪分子遭遇时，经常会在楼梯上与犯罪分子进行周旋。此时，应尽量利用楼梯的拐角处进行隐蔽。为了移动方便，通常采用的姿势心立姿或蹲姿较好。

5. 对车辆的利用

在实战中，经常会遇到停放在某处的各种不同类型的车辆，利用时，可根据车辆停放的位置和对方射击的方向采取相应的隐蔽姿势和观察。通常车体的侧面或车轮部位处进行隐蔽观察较好。

（三）利用地形、地物、掩护物进行移动。

1. 移动的要求

利用地形、地物移动时，应根据目标的远近和掩护物的高低，采取不同的姿势和方法，迅速隐蔽地运动。有时可采取欺骗、迷惑罪犯的手段，创造条件突然前进。

运动前，应选择好路线和暂停位置；运动中，应不断观察敌情、地形、地物，灵活变换运动姿势和方法，选择和利用有利地形，隐蔽前进。

2. 移动的姿势和方法

（1）直身运动

直身运动，是在距目标较远，地形易于隐蔽，而敌方却观察不到无法射击或敌方火力直接威胁不到时采用，移动时可大步或快步向目的地运动。

(2) 屈身运动

屈身运动，是在掩护物略低于人体时采用。移动时，目视前方，上体前倾头部不要高出掩护物，两腿弯曲（曲身程度视遮蔽物高低而定）；距离目标较远时，可采用大步运动。

(3) 低姿匍匐

低姿匍匐是在掩护物高约 40 厘米时采用，移动时，腹部贴于地面，屈回右腿，伸出左手，以右腿内侧的蹬力和左手的扒力使身体前移，在移动的同时屈回左腿，伸出右手，以左腿内侧的蹬力和右手的扒力使身体继续前移，依次交替前进。

(4) 高姿匍匐

高姿匍匐是在掩护物高约 60 厘米时采用。移动时，身体左侧及左小臂着地，左大臂向前倾斜支撑上体，左腿弯曲，右腿收回，并靠近臀部着地。在向后用力蹬地的同时左小臂扒地，使身体前倾，依次交替前进。

(6) 高姿侧身匍匐

高姿侧身匍匐是在掩护物高约 80~100 厘米时采用。左手和左小腿外侧着地，以左手的支撑力和右脚掌的蹬力使身体前移。

(7) 滚进

滚进是指在卧姿时，身体向左和向右滚动，以避开对方观察或射击时而采取的移动方法。滚动时，两臂尽量向里合，两腿交叉或并拢，全身用力向移动方向滚进。

移动时，也可以在卧倒的同时向移动方向滚进。

(8) 跃进

跃进通常是在对方火力威胁下，迅速通过开阔地时的移动方法。跃进前，应先观察前方地形，选择好行进路线和暂停位置。然后迅速地跃进，跃进时要做到起动快、前进快、卧倒快。为达到迷惑对方的目的，跃进前可先采用其他移动方式转移后再跃进。例如：卧姿时，可先向左或向右滚动后，再起身跃起前进。跃起的距离和速度应根据对方火力威胁和地形而定。一般情况下，火力威胁越大，地形越开阔，每次跃进的距离应越短，速度应越快。

三、夺枪技术

面对敌方手持枪支的攻击时，保安人员不到万不得已不要轻举妄动，否则就很危险。如要想有效地使用技术动作，控制或夺取敌方的武器，须做到以下几点：

第一，沉着冷静。保安人员在遇到持枪暴力反抗或威胁人身安全时，要保持良好的心理状态，集中精力思考防卫措施，只有这样，才能更好地运用快速防卫技术动作，否则，就难以控制局面，甚至会发生生命的危险。

第二，见机行事。由于枪支使用的特点，控制和夺取敌方手中的枪支，必须把握在有足够近的距离，敌方又处于瞬间失控的状况时，才能使用技术动作。当受到武器正面的威胁时，我保安人员可先将双手上举或暂时按照敌方的要求去做，在敌方没有动作时不能先动，注意力要相当集中，在敌方没有戒备或警惕性不高而慢慢地接近时，是最好的反击机会。如果敌方从背后持枪威胁，我方不可随意转头，应尽量消除紧张恐惧心理，耐心等待，寻找机会，一旦枪口接近身体某部位时，则应刻不容缓地作出反应，这种瞬间的反应动作，当然是在危及到生命安全时采取的，一般情况下切不可轻易采用。在实际中为了创造机会，我方可用语言和意识等引诱和吸引敌方，分散其注意力，在敌方表情和情绪上稍有变化的刹那，抓住战机快速抢夺。

第三，动作精练。对付枪支的防卫技术动作必须是快速简捷，准确到位，在防卫的实战中，保安人员必须适时地躲避敌方的攻击锋芒，迅速改变自己的位置和方向是夺枪的关键一步。同时又要把握准时机攻击敌方，在短暂的时间内解决问题。面对接近的枪支一旦时机成熟，保安人员应出其不意地抓握或打击敌方持枪手腕，突然改变枪口直敌方向，即改变子弹的直射范围，并重击要害，将其打倒。在夺枪中要有信心和胆量，并冷静沉着地寻求和把握住最佳时机，动作要高度敏捷和灵活。

总之，不论是抓住敌方手腕或枪体；还是打击其手臂；拿住敌方或改变方位，这些招法的应用都应在慎重的观察、分析、判断之后，做出瞬间反应与决策，并在刹那间化险为夷。

（一）正面近身夺手枪

技术之一：当敌方右手持枪命令我举手时，我应尽量将双肘低放于体侧；然后猛向右转体侧闪；以左小臂击敌方手臂并扣抓其手腕。右手迅速抓住其枪管，切不可将手盖堵枪口；与此同时，右手将枪朝敌身体方向拧动，迫其松手。如敌方不撒手，其食指将被折伤，我即可趁势用枪把猛击其太阳穴，见图（12-29、30、31、32）。

图 12-29

图 12-30

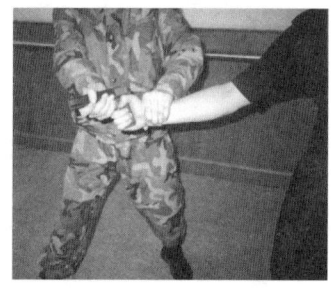

图 12-31

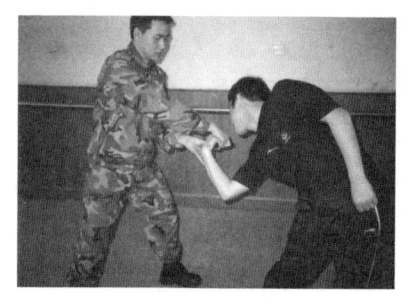

图 12-32

使用要点：

侧闪要快，扣抓有力，两手合一，猛折其腕。另外，应注意在进行夺枪练习时，告诫持枪的学员不要将手指扣在手枪的板机护圈内，以免受伤。

技术之二：当敌方右手持枪对准我前胸时，我按要求举起双手，在举手的一刹那，以右脚为轴，左脚和右脚后方退步，身体随之左转，同时用右手抓住手枪套筒并向处猛推，接着，左手也伸出抓住枪管，然后，我脚向右退步，夺下敌方的手枪，再用右脚踢其下颌或颈部，见图（12-33、34、35、36）。

使用要点：

转体要快，推枪要猛，拧转手枪与退步夺枪要协调一致。

图 12-33

图 12-34

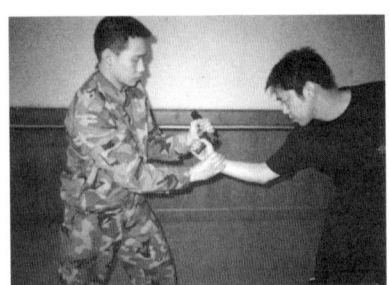
图 12-35

图 12-36

(二) 背面背后夺手枪

技术之一：敌方用枪顶住我后腰，我在夺枪之前，要设法观察敌方用哪只手持枪，较好的方法是，假装没听懂敌方所说的话或者假装要弄清敌方的意思而扭头问话，趁机进行观察。一旦时机成熟，我左脚向右前方上步，以右脚为轴身体右转，避开手枪射线；同时，右手随转体斜向后切，我随即左脚再向左前方上步，转身面对敌方，同时用左手抓住敌方持枪手腕，接着，我右脚退步，双手抓住敌方持枪的手回拉，然后，顺逆时针方向拧转敌方持枪手腕，将其摔倒在地，见图（12-37、38、39、40、41）。

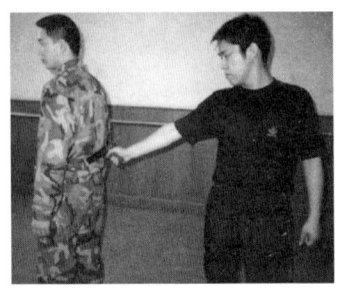
图 12-37

图 12-38

图 12-39

图 12-40

图 12-41

使用要点：

抓腕准确，迅速转体，整个过程一气呵成，我应屈压敌方持枪手腕，并使枪口对准其方向。

方法之二：当敌方右手持枪顶住我后腰时，我上体突然向左侧扭转，并以右肘击其手腕或小臂，随之左臂从敌方右肘下，后面绕过，这样使其右臂或手腕置于我的脖颈或肩上，我再以右手抓握自己的左手，并以右小臂别其右肘，然后迅速向右前转体，将其摔倒，随着压力的增加，可折断其臂，见图（12-42、43、44、45）。

使用要点：

扭身侧转动作应避开敌方枪口，左手臂要紧贴其右手臂做缠绕，颈部要紧贴其手臂。

图 12-42

图 12-43

图 12-44

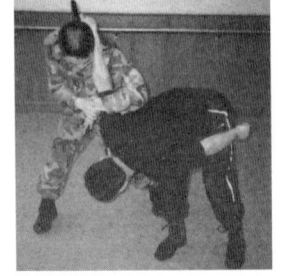

图 12-45

(三) 背面颈后夺手枪

技术之一：当敌方右手持枪顶住我后颈时，我应将肘举至与肩同高，上体猛向右扭转，同时用右大臂夹住敌方手腕；以右脚为轴转动，将左脚置于敌右脚外侧；右大臂将敌方右手腕紧紧地夹在自己的右侧；左胳膊从敌方右大臂下方插过，左手抓揪其衬衣或夹克翻领；将敌方右手腕紧紧夹在自己一侧，并上抬左大臂，折压其肘，见图（12-46、47、48、49、50）。

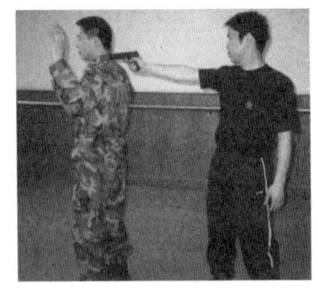

图 12-46

图 12-47

图 12-48

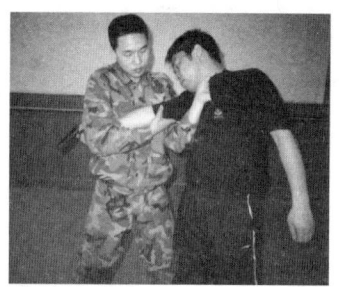

图 12-49

图 12-50

使用要点：

转体、夹腕同时，揪抓领折压肘要狠。

技术之二：当敌方右手持枪顶住我后颈时，我突然向左转身体，后撤步，侧闪，以避开敌方手枪之射线，同时以左手臂格挡其右小臂，右手迅速由敌方右手臂下穿过，向上扣搬其肘窝，向回拉，左手前顶，使其右肘弯曲，随之上右步，利用别肘将其摔倒。敌方倒地后，我用右膝跪击其肘部，待敌方失去反抗能力后，我可以右腿从敌方身体上跨过，用右脚踩住其右手臂，以右膝内扣夹击其面，用右手将其手枪夺下，见图（12-51、52、53、54）。

使用要点：

转身挡臂要快，协调一致，整个动作中，要始终避开其手枪射线，以左肘别压其手腕。

332 ◀▷ 保安防卫技能

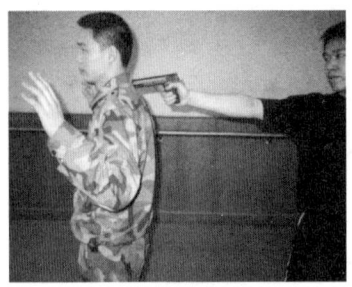

图 12-51

图 12-52

图 12-53

图 12-54

后 记

当《保安职业技术培训教材》(系列)所有书稿杀青之后,并由本人初审交到出版社之时,心里涌动起从未有过的激情。是啊,我和我的同事们,经过近两年的努力,终于完成了一件意义重大的事情。

从1987年起,在繁重的教学科研任务中,我选择了保安这一研究领域。十余年过去了,中国的保安业从起步到今天已初具规模。我们在广泛地接触和收集国外保安业发展的理论研究成果和成功的经验后,对保安服务业的认识也逐步清晰。我们感到保安服务业在中国有着广阔的前景,其研究领域之广,是其他学科无法比拟的。它涉及到人类对安全需求的基本认识,涉及到人类对犯罪和损害的防控,涉及到安全防范技术,安全防范工程;同时,它还要研究人类对犯罪和损害所做的行为,内容涉及方方面面,各个领域。在社会主义市场经济的条件下,保安服务公司作为企业,为我们进一步研究保安服务业的经营、发展战略又提供了崭新的课题。我们站在保安服务职业化的角度,提出了构建保安职业技术教育的学科体系和课程系列,正是在一步步地对一个个理论问题的研究而逐渐成熟起来的。这是我们作为保安理论研究工作者的一份心意,献给尚不很成熟的保安服务业。

我们的心情既兴奋,又紧张。兴奋的是,我们完成了一项可以说是开先河的工程,为构建保安教育培训体系尽了微薄之力;而我们更多的是紧张,在系列教材的12本书中,有许多问题还有待于我们和尊敬的同仁们进一步地探讨。我们斗胆地把我们的东西和盘托出的目的,就是想请同仁们、专家们把我们当成靶子，以进一步完善保安教育体系。为此，我们心甘情愿地接受批评和教导。

在这套丛书的撰写过程中，我们自始至终地得到中国人民公安大学治安系、福建省公安厅保安协会的支持和关注。受到中国人民公安大学前辈、同仁和朋友们的鼎力帮助，他们是：王文林编审、许肇荣教授、郭太生副教授、孙崴勤副教授、张强编辑等。同时也得到中国商业出版社的大力支持，他们为这套丛书的出版倾注了大量的心血。借本丛书出版之际，一并向他们表示感谢。

张　弘

2000 年 5 月 12 日